나는,
당신에게만
열리는
책

〈이동진의 빨간책방〉 오프닝 에세이

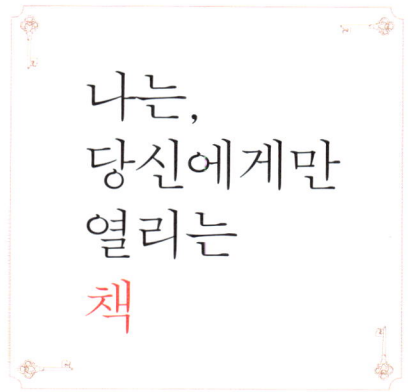

나는,
당신에게만
열리는
책

허은실 글·사진

위즈덤하우스

구부정한 당신의 등과

뒤척이는 밤들에게

간신히 있는 것들에게

【Prologue】

한 알의 사과를 천천히 베어 먹듯이

책은 냄새입니다.
모든 책은 태생적으로 나무의 냄새를 지니고 있지요.
갓 구운 빵이나 금방 볶은 커피가 그렇듯이
막 인쇄된 책은 특유의 신선한 냄새로 당신을 유혹합니다.
좀 오래된 책이라면 숙성된 와인의 향기가 나지요.
포도알 같은 글자들이 발효되면서 내는 시간의 맛입니다.

책은 소리입니다.
책과 책 사이를 자박이며 걷는 조용한 발소리,
사락사락 책장을 넘기는 소리,
그리고 연필이 종이의 살을 스치는 소리.
그 소리는 사과 깎는 소리를 닮았습니다.
당신은 사과 한 알을 천천히 베어 먹듯이
과즙과 육질을 음미하며 한 권의 책을 맛있게 먹습니다.

문장을 읽고, 냄새를 맡고,
소리를 듣고, 손으로 만지고, 맛을 보는 행위.

책을 읽는다는 일은 그렇지요.
생활에 무뎌진 이런 모든 감각들이 살아나는 시간.
공감각적 공감의 순간을 책은 선물해줍니다.

그런 것이고 싶습니다.
이 글들이 당신에게 무엇일 수 있다면.

【contents】

Prologue 한 알의 사과를 천천히 베어 먹듯이 006

1부 사이, 기울어 기대다

9. 당신의 무렵 014 / 혈관 속에 열이 떠다닐 때 016
기울이다 020 / 비, 빗소리 022
사랑의 온도는 027 / 기적은 그러니까, 029
사람, 사이의 존재 031 / 당신, 이라는 말 034
두 사람 036 / 당신을 봅니다 039
사랑, 살도록 041 / 물집과 굳은살 043
지음, 나의 소리를 가려들어주는 이여 046 / 아서라 사랑아 050
우리의 마음이 등온선에 있을 때 052 / 조율과 다스름 055
사랑, 당신을 번역하려는 노력 057 / 달이 멀어진 만큼 우리는 059
기다린다는 것 061 / 나의 손이, 우리의 입이 064
당신에게는 일부러 066 / 잘라야 더욱 자라는 것들 068
멈춰서 귀를 기울이면 071

2부 마음, 잃고 앓다

소멸에 대한 예감 속에서 076 / 흔적들, 우리를 흔드는 078
감수성, 둘의 화법 082 / 당신의 여름은 085
서늘한 마루가 되어 087 / 여름, 생의 한가운데 089
상처에서 비롯하다 092 / 목소리, 목소리 094
눈물의 온도에 기대어 096 / 한 시절이 100
내가 올 때까지 기다리라고 말하는 달 102
잘 우는 자를 빌려 곡하고 싶을 때 104
나 혼자서 몰래 106 / 소슬바람이 불면 110
숨비소리 112 / 마음의 빠르기 114
그리운, 돌아갈 곳 116 / 손톱이 가장 빨리 자라는 달에는 118
단풍의 이유, 당신의 이유 122 / 작은 주더니쯤이면 124
눈물에 대해 묻는 것은 126 / 빈 곳이 있어 128
간즈럼나무 아래서 132 / 나의 가슴 위에는 134
무의미의 아름다움 136 / 물기를 버리는 길 139

3부 책,
머물러 머금다

이 고독한 세계에서 책은 144 / 타인의 흔적 속에 잠시 148
나를 누설하는 말들 150 / 책의 그늘 153
나라는 도서관의 서가에 155 / 글자가 여무는 계절 157
다시 첫 페이지를 펼치며 159 / 알아듣고 다가가려 162
암전과 침묵으로부터 164 / 그리고 어느 날 서귀포시 서쪽에 168
여러 겹의 생을 읽는 오후 171 / 책내 몸내 173
나무에 대한 채무 175 / 첫 문장을 쓰는 것처럼 177
패딱지를 맹글더라도 179 / 내 삶에 개입한 밑줄들 182
오늘 내가 지은 것은 184 / 손·글·씨 186

4부 독서,
흘러 닿다

지문들이 이루는 무늬 192 / 어쩌면 오늘 우리는 편지를 196
말이라는 세계 199 / 독서, 몸을 섞는 일 201
깊고 오래고 내밀한 기억의 방식 203
소음의 세계에서 소리의 세계로 205
필사, 몸으로 읽는 일 207 / 책 속으로의 삼투 210
공감의 지대 214 / 오독오독 토독토독, 꽃 피는 오독 217
축하합니다 오늘 219 / 홀로 고요히 서늘함 221
이기려고, 가 아니라 읽으려고 224 / 난독증의 시대에 226
견딤의 서사 228 / 느림에 참여하는 일 230
취한 말들의 시간 234 / 독에 이른다는 것 236

5부 삶, 빚고 짓다

당신의 시선 때문에 240 / 물음 하나를 쥐고서 244
봄은 246 / 키듬, 당신의 내재율 248
한데서 겨울을 건너온 것들은 252 / Why not 254
매일 스무 줄의 양파를 파는 일 257 / 아름다움-사람다움 259
일어나봐, 돈이 왔어 261 / 소용없는 일을 하는 무용한 사람이 되어서 264
반복이라는 기술 266 / 낙법, 삶의 기본기 268
당신의 장식 깃털 272 / 사람을 이루는 것, 사람이 이루는 것 274
마음의 활줄을 풀어놓는 시간 277 / 문득, 꽃 279
달과 장미의 시간 281 / 당신의 화단에는 284
당신의 먼 곳 286 / 동안거, 봄을 준비하는 웅크림 290
너무 지치고 힘이 들 때는 293 / 당신은 그것을 무엇이라고 부릅니까 295
돌아본다는 것 299

Epilogue 그리고 나는, 300

사이,
기울어 기대다

1부

9.
당신의 무렵

그래도 9월이라서 하늘은 구름을 경작하고,
9월이라서 오늘은, 9라는 이름을 생각합니다.

그건 마치
세상을 향해 나올 준비를 마친 아홉 달 태아를 닮았지요.
10에서 하나 모자란 수라기보다 10을 향해 나아가는 수.
완성을 향해 가는 가능태(可能態).
미완의 아름다움이 9에는 있습니다.

9는 말하자면, '무렵'이라는 말에 가까운 수죠.
그러고 보니 9월은 '메밀꽃 필 무렵'입니다.

9월은 또 여름과 가을의 사이라서
이 세상의 무수한 '사이'에 대해 생각합니다.
밤과 아침의 사이, 벽과 벽의 사이,
당신과 나의 사이······.
따지고 보면 세상의 모든 일은 '사이'에서 일어납니다.

여름과 가을, 계절의 이 '사이'를 간절기라고도 부르지요.
'간절'이라는 말에는 어쩐지
건너가려고 하는 간절함이 배어 있는 것 같은데요.
당신에게 건너가려고 합니다.
이 절룩이는 말들이
당신과 나 사이에 놓인 접속사 같았으면 합니다.

혈관 속에
열이 떠다닐 때

섭씨 37.2도.
두 사람이 사랑을 나눌 때의 체온이라고 하지요.
세상에 막 나왔을 때 신생아의 체온 역시 37.2도.
미열과 고열의 기준이 되는 온도도 대략 그 정도라고 합니다.
그러니까 사람에게 37.2도는 생명의 온도인 셈이지요.

나비에게 그건 30도입니다.
나비가 날기 위해서는 몸이 뜨거워져야 하는데요.
그 기준이 바로 30도.
그 이상의 체온을 유지해야만 비상(飛上)이 가능하다고 하지요.

우리는 모두 한때 미열의 계절을 통과합니다.
청춘이란 몸이 뜨거운 시기일 텐데요.
그게 사랑이었는지, 비상의 욕망이었는지,
아무튼 알 수 없는 어떤 것들로 마음을 앓았을 때
우리의 혈관 속엔 열이 떠다녔습니다.
살면서 가끔 마음의 수은주가 내려가거나 할 땐
그 열이 그리워지기도 하지요.

'질량보존의 법칙'처럼 '열보존의 법칙' 같은 게 있다면,
그래서 내가 잃어버린 그 열들이 영영 사라져버린 게 아니라,
어딘가에서 누군가를
잠시, 덥히고 있는 중이라면 좋겠습니다.

건 산의 이마가 붉습니다.
나무들에도 미열이 번지는 계절입니다.

우리는 모두 한때 미열의 계절을 통과합니다
청춘이란 몸이 뜨거운 시기일 텐데요
　　　　　　그게 사랑이었는지, 비상의 욕망이었는지,
아무튼 알 수 없는 어떤 것들로 마음을 앓았을 때
우리의 혈관 속엔 열이 떠다녔습니다

기울
이다

스테파네트 아가씨의 고개가 목동의 어깨 위로 기울었습니다.
우주가 휘청, 기울어집니다.

마음이 기우는 쪽으로 가지 않으려고
안간힘으로 버티던 어떤 사랑도 있었겠지요.
어째서 그때 마음은
위험과 불안, 혹은 상처 쪽으로만 기울어지려 했던 걸까요.

모든 별들은 기울어진 채 다른 별의 둘레를 돌지요.
23.5도, 지구가 태양 쪽으로 기울어 꽃이 피고 눈이 내립니다.

차오른 달은 기울기 시작합니다.
기우는 것은 또 저무는 일이지요.
낮이 기울고 해가 기울어,
새들은 저녁 쪽으로 날아갑니다.

한 그림자가 다른 그림자 쪽으로 기웁니다.
우리는 어쩔 수 없이

저무는 것들, 이지러지는 것들,
적막한 것들 쪽으로 마음이 기웁니다.

경청(傾聽)이라는 단어의 '경'자는 기울다, 란 뜻이죠.
내 이야기에 귀를 기울여 들어줄 사람이 있다는 것은
다음 문장을 쓰게 하는 힘이 됩니다.

사람을 뜻하는 '人(인)'이라는 글자도
서로에게 기울어져 기대어 선 모양입니다.

귀를 기울이고 술잔을 기울이고
심혈을 기울이고 주의를 기울이고
정성을 기울이고 마음을 기울이고

그러다 0의 기울기가 되어 눕게 되는 것이 한생이려니 합니다.

비,
빗소리

어디선가 문득, 예감을 실은 바람이 불어옵니다.
세상은 순식간에 어두워집니다.

그리고 최초의 빗방울이 투둑, 잎사귀에 닿는 찰나!
세상은 숨을 참는 것처럼 순간, 정지합니다.

여인들은 서둘러 빨래를 걷습니다.
소년들은 가방으로 머리를 가리며 뛰어가고,
소녀들의 목소리는 높아집니다.

소나기 내리는 여름날의 그 작은 소란과 동요를
당신도 좋아하시는지요.

여름비에는 그런 흥분과 수선거림,
그리고 알 수 없는 부추김이 있지요.
삶은 익숙하던 리듬에서 잠시 이탈합니다.
비는 우리 삶에 끼어드는 엇박자나 당김음 같은 거니까요.

어떤 비는 목 놓아 울고,
어떤 비는 격류를 만듭니다.
또는 오래 머물다가 곰팡이와 얼룩을 남기기도 하지요.
어떤 사랑이 그랬던 것처럼요.

비는 감정 전도율이 높아서
함께 빗소리를 듣는 순간엔 침묵조차 친밀해집니다.
당신과 나 사이에 빗소리가 있어서 다행이라고 생각한 적,
있으신가요.

다행이라고 생각한 적이 있습니다…

빗소리가 있어서

당신과 나 사이에

사랑의
온도는

올 때는 꽃비 같아서 꽃의 예감으로 따뜻합니다.
갈 때는 가을비처럼 차가워서
이 비 끝에 감정의 수은주도 한 눈금 내려갈 것을 압니다.

화르르 피었다,
후루룩 지는 것.

혹은 한순간 달아올랐다가 서서히 식어가는 것.
사랑의 연금술이 있다면 오히려 이런 게 아닐까요.

열정의 뜨거움은 증오의 맹렬함으로 바뀌고
그리움 때문이던 뒤척임은
괴로움으로 인한 불면이 됩니다.
새롭던 것들이 지겨워질 때,
매혹은 환멸로 둔갑하지요.

세상 많은 것 중에서
'사랑'만큼 덧없는 것을 알지 못합니다

프랑스어의 사랑(amour)이란 말의 기원,
'죽음(mort)을 반대한다(ant)'는 뜻이라고 하는데요.
생명을 지향하는 것이기 때문에 사랑은
덧없기 마련입니다.
끝없이 변화하는 게 생명의 속성이니까요.

그런데 생명의 원리인 에로스의 본 의미는
'끊임없이 다음과 연결되려고 하는 의지'라고 합니다.
그러니까 사랑에서 중요한 건
타오르는 순간의 열정이 아니라
그 불을 꺼지지 않게 하려는 오랜 노력이 아닐까요.

지켜내려 애쓰는 순간의 발열,
그게 사랑의 온도일 겁니다.

기적은
그러니까,

'내가 좋아하는 사람이 나를 좋아해주는 건 기적이란다.'

어린왕자가 그랬지요.
세상에서 가장 어려운 건 사람의 마음을 얻는 일이라면서요.
여러분은 어떤 기적, 어떤 마법 같은 일을 기다리고 계신가요.

보물 가득한 방의 돌문을 열거나
상대방을 마음대로 조종하는 주문,
납이 금이 되는 연금술,
그런 건 현실엔 없습니다.

우리 입술에 허락된 주문이란 그저
순한 언어로 안녕한지 물어주는 것,
'그럼에도 불구하고'와 같은 몇 음절.
그 정도 아닐까요.

"우리가 잠시 서로의 눈동자를 들여다보는 것보다
더 큰 기적이 일어날 수 있을까."

헨리 소로의 문장에 굳이 기대지 않더라도
이 순간이 바로 기적입니다.

다른 곳이 아닌 이 우주, 이 은하, 이 별에서
다른 종이 아닌 인간으로 숨을 얻어서
다른 시간대가 아닌 바로 지금,
우리가 이렇게 잠시 마주하고 있는 것.
그것 자체가 말입니다.

그러니까 기적은,
일어나는 게 아니라 '일으키는' 것이 아닐까요.

사람,
사이의 존재

나무와 나무,
너무 가까이 심어놓은 두 그루는 잘 자라지 못합니다.
서로가 서로에게 그늘을 드리우기 때문이죠.
그 그늘 아래선 다른 풀들 역시 성글고 창백합니다.

그러고 보면 숲을 이루는 건 나무들만이 아닙니다.
나무와 나무의 사이,
그 '빈 곳'이 풍성한 숲을 만든다는 걸
휑한 겨울 숲은 보여주지요.

사람이야말로 사이의 존재지요.
인간은 사람과 사람의 사이 때문에 인간(人間)이라고 합니다.
그 인간이 던져진 공간(空間)과 시간(時間),
그리고 이 모든 것을 포함한 세간(世間)이란 말.
모두 사이를 뜻하는 '간'자가 들어 있지요.
'사이'라는 말은 실존의 필연적 조건이기 때문일 겁니다.

사이가 없다면
손과 손은 어디에서 만날까요.
사이가 없다면
당신의 눈동자에 비친 내 모습을 어떻게 볼까요.

'사이가 좋다'란 말은
단지 서로 정답고 친하다는 뜻만이 아닐 겁니다.
어쩌면 오히려
'적당한 거리를 마련할 줄 아는 관계'라는 뜻일 수도 있습니다.
태양과의 절묘한 거리 때문에 지구에 꽃이 피는 것처럼.

당신,
이라는 말

"당신……, 당신이라는 말 참 좋지요, 그래서 불러봅니다"

시인 허수경의 「혼자 가는 먼 집」 참 좋지요,
그래서 읽어봅니다.

당신을 들여다봅니다.
마땅할 '당(當)'에 몸 '신(身)'을 쓴다고 합니다.
'마땅히 내 몸 같은 사람'이 당신이라는 걸까요.
그러나 그래서 시인은 또 이렇게 썼나 봅니다.

"당신이라는 말 참 좋지요, 내가 아니라서 끝내 버릴 수 없는,
무를 수도 없는 참혹……, 그러나 킥킥 당신"

내가 아니라서 끝내 무를 수 없는 당신을
더 살갑게 부르는 다른 2인칭이 있지요.

깊어지기로 한 애인들은,
살림을 차린 연인들은,

서로를 '자기'라고 부릅니다.
얼마나 상대를 자신처럼 아끼고 사랑하면 자기라고 부를까,
생각하면 좀 아득해지는 말이기도 합니다.

당신은,
당신의 당신을 무어라고 부릅니까.
저는,
당신을 당신이라고 부릅니다.
당신이라는 말
참
……,

두
사람

비틀스의 노래 가사에서
가장 많이 나온 단어, 뭔지 혹시 아시나요.

바로 'You(당신)'라는 말입니다.
모두 2,262번 쓰였다고 해요.
그다음이 'I(나)'라는 단어죠.
1,736번이라고 합니다.

발레에서 작품의 절정 부분을 장식하고
사랑을 상징하는 '파드되(pas de deux)'.
여성 무용수와 남성 무용수 '두 사람이 함께' 추는
춤을 말하죠.

'나'라는 글자의 모음을 뒤집으면
'너'가 되지요.
마치 손잡이가 안과 밖에 달린
하나의 문처럼 말입니다.
관계의 최소 단위는 '나와 너', 두 사람입니다.

이 둘에서 모든 갈등과 화해의 역사가 시작되지요.

연극계에선 11월마다 '2인극 페스티벌'이 열리는데요.
11월, 이 '11'이란 숫자도 가만 보면
나란히 서 있는 두 사람 같지 않나요.
11월엔 서로 좀 더 가까이 다가서면 좋겠습니다.

다, 비틀스의 노래에서 가장 많이 쓰인 일반명사이자 동사는
'Love(사랑)'라고 하네요.

ⓒ김일영

당신을
봅니다

'사우보나(sawubona)'라는 인사를 들어 본 적 있으신가요.

사우보나.
아프리카 줄루 족의 아침 인사인데요.
글자 그대로 옮기면 'I see you',
'나는 당신을 봅니다'란 뜻입니다.
영화 「아바타」에 나온, 나비 족의 인사이기도 하죠.

당신을 본다고 할 때 이 말은
'당신을 느낍니다. 이해합니다.'
그리고 '당신을 둘러싼 모든 것들의 역사를 봅니다', 라는
뜻이라고 하네요.
그래서 영어에서도 'I see'가
'이해한다(understand)'의 뜻을 갖게 된 걸까요.

불교에서 관세음보살(觀世音菩薩)은
세상의 소리를 '보는 존재'입니다.
중생이 아파하는 이유, 그 고통의 '본질을 본다'는 의미죠.

우리가 무언가를, 혹은 누군가를 '본다'고 할 때는 어떤가요.
사실은 내가 보고 싶은 것만 보는 경우가 많은데요.
나의 필요에 의해서가 아니라
있는 그대로를 보는 마음의 시력은 얼마나 될까요.

사랑,
살도록

어떤 때는 소나기나 폭우 같아서
한순간 속수무책이 되고 맙니다.
어떤 땐 안개비 같아서 모르는 사이에 속절이 없습니다.

다가서고 서성입니다. 뛰어오르고 질주합니다.
설렘과 떨림, 격정과 희열의 뒤에 오는 평화와 충일감.
그 자리에 무료와 권태, 유혹과 매혹, 분노와 참혹이
차례로 오기도 합니다.

어금니를 깨물고 주먹을 쥡니다. 흐느끼고 울부짖습니다.
참회하고 용서하고 혹은 눈감아버리고,
그리고 다시 두근거리나 미워하거나……

인간이 가진 감정의 목록 중 거의 모든 걸 실습하게 되는 건
오직 사랑을 통해서입니다.
내적인 성장 역시 사랑을 통해 이뤄질 때가 많습니다.
그 사랑이 거친 격류든 그윽한 사랑이든 말이지요.

논어에는 "애지욕기생(愛之欲基生)"이라는 말이 나옵니다.
'사랑이라는 건 그를 살게끔 하는 것이다.'
그런 뜻이라죠.

나를 좀 더 나은 존재가 되게 해주는 사람.
내가 좋아하는 나의 모습을 내 안에서 꺼내주는 사람.
그리하여 서로가 서로를 살리는 관계.
사랑의 가장 이상적인 형태가 있다면
아마도 그런 것이겠지요.

물집과
굳은살

새 신발을 신었을 때
발가락이나 뒤꿈치에 생긴 물집 때문에 고생한 일,
누구나 있을 겁니다.

기타를 처음 배울 땐 어떤가요.
어느 순간 손가락 끝의 껍질이 벗겨지고 굳은살이 박이지요.

사람과 사귈 때도 그런 물집과 굳은살의 시간이 있습니다.
서로 다른 두 세계가 만나면
당연히 부딪치는 부분이 생기게 마련이고요.
그 마찰 때문에 마음에도 물집이 생기죠.

하지만 그때부터가
진짜 시작이라고 할 수 있지 않을까요.
기타든, 신발이든, 사람이든,
본격적으로 관계를 맺는 건 그런 시간을 통과한 다음이니까요.

3월이란 달이 꼭 그런 것 같습니다.
순서상으로는 열두 달 중에서 세 번째지만
입학식이 있고, 봄이 시작되는 계절이라 그럴까요.
심호흡을 하고 뭔가 진짜로 시작하는 기분이 드는 달이니까요.

누군가와 부딪히고 상처받는다면
어떤 일에서 자꾸 실수하고 실패한다면
그 관계도, 일도,
아직은 2월이라고 생각하면 어떨까요.
또는 지금이 인생의 'F 코드'를 익히는 시기라고요.

지음,
나의 소리를 가려들어주는 이여

누군가를 사랑해버리는 일.
어딘가로 갑자기 떠나버리는 일.
오래 지니고 있던 물건을 버리는 일…….
나이 들수록 하기 어려운 것들입니다.
그중 가장 어려운 일은
친구를 사귀는 일입니다.

살아갈수록
사랑이라는 말보다는 우정이라는 단어가 더 미덥습니다.
우정은 뜨겁다기보다는 더운 것.
그래서 금방 식어버리는 게 아니라
은근히 뭉근히 오래가는 것.
인생에서 가장 어렵고 중요한 건 아무래도
그런 사람을 얻는 일 같습니다.

서로 마음이 통하는 친한 친구를 '지음(知音)'이라고 하죠.
자신의 거문고 소리에 담긴 뜻을 이해해준 친구를 잃고 난 뒤

이제 그 소리를 아는 이가 없다며 현을 끊어버린
춘추시대의 어떤 우정.
거기서 나온 말인데요.

지음이란 말엔,
'새나 짐승의 소리를 가려듣는다'는 뜻도 있다고 합니다.
수많은 지인들 중에서 나만의 소리를 가려들어주는 사람.
목소리만으로
눈물의 기미를 눈치챌 수 있는 사람.

'지인'은 닳아도,
'지음'은 드문 것 같습니다.

목소리만으로 나의 기미를 눈치챌 수 있는 사람

아서라
사랑아

"사랑이 어떻게 변하니?"
헤어지자고 하는 은수에게 상우는 묻습니다.
영화 「봄날은 간다」에 나온 유명한 대사죠.
그런데 우리가 '영원한'이란 수식어를 붙이곤 하는 사랑,
그것도 변하죠.
사랑도 사람의 일이니까요.

붓다가 남긴 마지막 말은
'제행무상 불방일정진(諸行無常 不放逸精進)'이라고 하지요.
'모든 것은 덧없으니, 게으르지 말고 부지런히 정진하라.'
이런 뜻인데요.
제행무상, 모든 것은 변합니다.

그런데 변하니까 얼마나 다행인가요.
운명도 고정돼 있는 게 아니라
내 의지와 노력에 따라서
바뀔 수 있는 것이니까요.
그러니까 붓다도

게으르지 말고 부지런히 정진하라고 한 거겠죠.
인생무상(人生無常), 이 말은
인생의 덧없음이 허무하다는 뜻이 아니라
변할 수 있다는 가능성임을 뜻하는 것인지도 모릅니다.

그러니 덧없는 사랑,
속절없는 세월,
원망할 일도 서러워할 일도 아닐 테지요.

"아서라 세상사 쓸데없다."
「편시춘(片時春)」한 자락에 봄날이 갑니다.

우리의 마음이
등온선에 있을 때

몇 해 전 인문 분야 베스트셀러 중에
『공감의 시대』란 책이 있었죠.
사람들은 왜 이 책에 공명(共鳴)한 걸까요.

"다윈의 적자생존이 아니라
공감이 인류의 새로운 패러다임으로 떠오르고 있다."
저자인 제러미 리프킨의 주장인데요.
경쟁에 지친 우리에게 필요한 건 공감이다!
공감하시는지요.

공감 능력 때문에 우린
지구 반대편, 탄광에서 살아온 사람들을 보고 감동합니다.
소설이나 영화 속 인물들의 삶에 울고 웃기도 하지요.
공감할 수 있는 힘.
도덕적인 행동과 미적 감수성의 출발인 셈입니다.

우리가 살면서 가장 위로를 받는 순간 역시,
내 처지와 감정에 공감해주는 누군가가 있을 때 아닌가요.

그 누군가와 감정의 주파수를 공유할 때,
당신의 마음과 나의 마음이 등온선에 있을 때,
그런 순간 말입니다.

지금은 남용되어 낡고 빛바랜 말이 되었지만
'함께 느낀다'는 '공감',
'함께 운다'는 '공명'.
생각할수록 든든해지는 낱말입니다.

ⓒ김일영

조율과
다스름

모든 악기들이 그렇지만
현악기들은 특히 다루기 전에 반드시 조율이란 걸 해야 되죠.

연주를 하지 않고 가만히 두어도
습도나 온도 때문에 줄이 팽창하거나 수축하게 되고,
피아노나 쳄발로 같은 악기는
내부의 회로 때문에 미세하게 음이 틀어진다고 하거든요.

개별 악기뿐 아니라 악기들 간의 조율도 필요합니다.
관현악에서 전체 악기의 음높이를 가지런하게 하는 것,
'음 맞추기'라고 하는데요.
국악에는 비슷한 절차로 '다스름'이란 게 있습니다.

다스름.
본 곡을 연주하기 전에
악기끼리 호흡과 속도를 맞춰보기 위해 연주해보는
짧은 음악인데요.
말의 생김새로 봐선 아마도 '음을 다스린다',

이런 뜻이겠죠.

나는 그대로, 라고 생각하지만,
나도 모르게, 성마른 소리를 낼 때가 있습니다.
주저앉은 음은 올려주고,
긴장으로 높아진 소리는 풀어주어야 합니다.

자리를 이탈한 음은 없는지
남들 사이에서 혼자만 불협화의 소음을 내고 있는 건 아닌지
언제나 먼저 들어보아야 할 건,
자기 자신이 내는 소리가 아닐까요.

사랑,
당신을 번역하려는 노력

"통과하라, 나를.
그러나 그 전에 번역해다오, 나를."

시인 최승자에게 사랑은 상대를 번역하는 일입니다.
「번역해다오」란 시에서 시인은 말하지요.
그리하여 마침내 공기처럼 서로를 통과하는 게 바로,
사랑이라고요.

번역하다 포기한 책, 있었겠지요.
해독 못할 문장 앞에서 보냈던 불면의 밤들,
침묵하는 행간에 주저앉아
그 심연에 절망한 기억 같은 것 말입니다.

그러니까 우린,
우리가 사랑한 횟수만큼의 번역본으로 존재합니다.

하지만 그건 끝내 불완전한 누락이거나 오역이기 십상이지요.
그래서 공기처럼 바람처럼 당신을 통과하는 일은

어쩌면 이번 생에선 불가능한 일인지도 모릅니다.

하지만 당신이라는 책을 해독하려는
그 헛된 일에 사로잡혀서
우리는 또, 가능한 모든 사전을 펼칩니다.
인연의 아름다움은
그 무망한 노력에서 태어나는 것이겠지요.

달이 멀어진 만큼
우리는

맥박 수가 하나 줄었습니다.
열량 소모량은 12킬로칼로리, 척추뼈는 0.16센티쯤 줄어들었고
뼈도 1프로 정도 사라졌습니다.
그리고 달은 올해도 나로부터 4센티쯤 물러났습니다.

달이 지구에서 멀어지는 것만큼
어떤 인연도 조금 멀어졌습니다.
머리카락이 15센티쯤 자랐고,
손톱을 열 몇 번 깎아냈습니다.

머리카락이 자라는 것만큼 쓸쓸함도 좀 더 자라서
어떤 밤에는, 웅크리고 앉아 발톱을 깎듯 그것을 잘라냅니다.
그러는 동안에도 당신의 주름은,
알아채지 못하게 깊어졌겠지요.

그러나 그것뿐일까요.
줄어들고, 물러나고, 사라지고, 멀어지고……
그런 뺄셈의 동사들만 남는 걸까요.

다시 써봅니다.
달이 멀어진 만큼 우리는 다가섰습니다.
맥박 수와 뼈의 질량이 줄어든 만큼
어쩌면 그것보다 더 많이
몇 권의 책을 처음 읽고,
인생의 단어장에 몇 개의 새 단어를 적어 넣었습니다.
전화번호부에서 지워진 이름도 있지만
당신의 이름을 새로 얻었습니다.

그러는 사이 달은 열두 번을 기울고,
그러는 사이 우리는 같은 별자리가 되어갑니다.

기다린다는 것

여우가 어린왕자에게 얘기합니다.
"네가 네 시에 온다면 나는 세 시부터 행복해질 거야."
기다림은 달콤한 설렘인 것 같습니다.

"너를 기다리는 동안/(……)/바스락거리는 나뭇잎 하나도
다 내게 온다"
시인 황지우의 「너를 기다리는 동안」에 있는 구절이지요.
기다림은 서성임이고 뒤척임입니다.

연극 「고도를 기다리며」의 블라디미르와 에스트라공.
그들은 오지 않는 '고도'를 50년 넘게 기다립니다.
그게 더 좋은 세상이든, 꿈꾸는 어떤 것이든
기다리는 일은 완전히 절망하지는 않는다, 는 말입니다.

기다림 때문에 돌이 된 여자의 전설을 우리는 알고 있습니다.
당신에게도 한 번쯤
오지 않을 사람을 기다린 시간이 있었겠지요.

기다림이란 '부재를 견디는 일'의 다른 말인지도 모릅니다.

기다리는 게 뭔지 알 수 없는 때조차
우리는 무언가를 기다립니다.
어쩌면 기다리는 일로 다 끝나버리는 게 인생일 수도 있는데요.
하지만 기다리는 뭔가가 없다면 삶은 얼마나 푸석거릴까요.
기다림이란 힘이 많이 드는 감정 노동이지만
우리를 살게 하는 힘이기도 하지요.

나무들은 벌써 기다림의 자세로 서 있습니다.
마음의 문간에 등불 하나씩 켜두고 계신가요.

나의 손이,
우리의 입이

손은 토닥입니다.
손은 어루만집니다.
손은 쓰다듬어줍니다.
나에게 손이 있어서 다행입니다.

어루만지고, 쓰다듬고, 감싸고, 다독이고······.
손이 하는 무수한 일 가운데
이런 것들이 있다는 걸 잊어버린 사람처럼
그렇게 살고 있지는 않은지요.

머리를 빗어주는 일,
단추를 여며주는 일,
눈물을 닦아주고 박수를 쳐주는 일.
이런 사소한 동작들이 새삼 소중하게 느껴지는 요즘입니다.

뒷짐을 풀어 깍지를 껴봅니다.
팔짱을 풀어 어깨를 감싸줍니다.

나의 손이 직무유기하지 않도록.
나의 손이 다정을 다하도록.

입은 노래합니다.
입은 맛을 느끼고,
입은 인사를 건넵니다.
우리에게 입이 있어서 다행입니다.

미안하다는 말, 고맙다는 말.
이런 말들을 짓는 입술이 있어서 다행입니다.
무엇보다 당신의 이름을 부를 수 있는 성대가 있어서
참 다행입니다.

당신에게는
일부러

'지름길 반응'이라는 말이 있습니다.
되도록 지름길을 걸어서
빨리 목적지에 도달하려고 하는 노력을 말한다고 하네요.

우리 삶의 방식도 그렇게 되어버린 것 같습니다.
성공의 지름길, 행복의 지름길, 합격의 지름길, 취업의 지름길.
지름길이 붙는 단어들은 어째서 이런 것들뿐일까요.

그런데 우리말엔 질러가는 길보다
돌아가는 길 이름이 훨씬 많습니다.
에움길, 엔길, 돌길, 돌림길, 두름길…….
이런 말들이죠.

또 큰길처럼 넓고 걷기 쉬운 길보단
좁고 어려운 길들이 더 많다고 합니다.
뒤안길, 오솔길, 고샅길 같은 게 그런 말들인데요.
인생길이 바로 그렇기 때문 아닐까요.

성공이나 공부.
그런 것엔 지름길이 있을지 모릅니다.
하지만 사랑이라든지 우정같이,
사람에게로 가는 길에는 지름길이 없는 것 같습니다.
그래서 때로는 일부러 먼 길로 돌아서 갑니다.
지름길보다는 우회로를 택합니다.

그렇게 에둘러 가면
그에게 들려줄 이야기가 더 많아질 것이기 때문입니다.
죽은 새나 길고양이, 새로 생긴 커피 가게……, 그런 것들.
그리고 그에게 가는 동안
그 사람 생각을 더 많이 하게 되기 때문입니다.

잘라야 더욱
자라는 것들

식물을 풍성하게 키우는 방법은
역설적이게도 잘라버리는 겁니다.

가지를 잘라내면 바로 옆에 두세 개의 가지가 새로 나오고,
잎을 따주면 그 자리에 서너 개의 새순이 돋아납니다.
그리고 본줄기, 중심 가지는 더 굵어집니다.
위기를 느낀 식물이 생장에 더 힘을 쏟는 것이지요.

과수원의 포도나무, 사과나무도 그렇다고 해요.
크고 실한 과일을 얻기 위해 해마다 꼭 해야 하는 건
가지를 치고 순을 따주는 일입니다.

때로는 슬픔이나 우울도 웃자랍니다.
걷잡을 수 없이 분노가 가지를 뻗어나갑니다.
웃자랐거나 불필요한 감정의 잔가지들을 쳐낼 줄 알아야
그 자리에 건강한 감정이 생겨나는 것 같습니다.

우리는 자주, 너무 무성합니다.
너무 많이 연결돼 있기 때문이죠.
관계에서도 가지치기가 중요한 것 같습니다.
단순히 많은 수확을 위해서가 아니라
나무의 모양을 아름답게 만들기 위해서라도
가지치기는 필요하니까요.

멈춰서
귀를 기울이면

"1번 작은 파도
2번 큰 파도
3번 절벽을 쓰다듬는 바람 소리
4번 나뭇가지에 부는 바람 소리
5번 내 아버지의 서글픈 그물 소리"

이탈리아의 작은 섬에서 망명 생활을 하게 된
칠레 시인 파블로 네루다.
그리그 그의 전담 우편배달부 마리오.
그 두 사람의 우정을 그린 영화 「일 포스티노」의 한 장면입니다.

마리오는 네루다에게 선물을 하기 위해 소리들을 녹음하는데요.
그 음향 편지엔 이런 이야기들이 담깁니다.
'신부님이 치는 교회 종소리, 밤하늘에 반짝이는 별,
배 속에 있는 아기의 심장 소리……'

멈춰서 귀를 기울이면
그냥 지나치던 것들의 목소리가 들립니다.
그리고 마리오처럼 이렇게 말하게 되지요.
"아름다워요. 이렇게 아름다운지 몰랐어요!"

이건 영화 속에서 마리오가 시를 배우는 과정이기도 했는데요.
세상의 소리를 귀담아듣고 작은 사물들과 다시 사귀는 동안
그는 시인이 되어갑니다.

마리오처럼 자기만의 사운드트랙을 하나 만들어보는 것.
그리고 그것을 아끼는 사람에게 선물해보는 것.
그런 다정함은 자주 들켜도 좋을 것 같습니다.
요즈음엔 어떤 소리를 들으며 누구를 생각하시나요.

2부

마음,
잃고 앓다

소멸에 대한
예감 속에서

그 아름다운 구름들은
어디로 망명한 걸까요.

하늘은 점점 헐겁게 비어가고,
가을엔 강물도 여위는지 수척한 얼굴입니다.

봄꽃에 왔던 그 환한 색들은
다 어디로 가서 빛이 되었을까요.

가을 나무에 머문 화려한 빛들은
모두 어디로 가서 시(詩)가 될까요.

그것들은 사라진 게 아닌지도 모릅니다.
다른 은하로 가서, 다른 몸에 들고 있는 거라고
그렇게 믿고 싶습니다.

스웨터를 꺼내 입으며 묵은 계절의 냄새를 맡다가,
서둘러 내린 어스름 속을 종종거리며 걷다가,

당신은 멈칫합니다.

언젠가 이 장면을 한 번 살았던 것 같은
그 낯익음이 서글퍼지기 때문입니다.
그 순간 어디선가 물푸레나무 첫 잎이 지고
풀벌레의 마지막 울음이
이 별에 쏟아지고 있어서입니다.

머지않아 산맥을 넘어온 바람에서 눈(雪) 냄새가 나고
오래지 않아 빈 들에 하얀 수의가 덮이겠지요.

살아 있다는 것을 가장 강렬하게 느끼는 순간,
그건 어쩌면
소멸에 대한 이런 쓸쓸한 예감 속에서가 아닐까요.

흔적들,
우리를 흔드는

새가 앉았다 날아간 자리.
사과를 놓친 나무의 손.

가지는 떠나간 새나 떨어진 과일의 무게만큼 흔들립니다.
흔들림의 크기는
거기 존재했던 것의 무게에 비례하는 것일 테니까요.

오래된 책을 펼쳐보다 출렁인 적 있으신가요.
거기 그어진 밑줄이나 익숙한 글씨로 적힌 메모.
또는 책갈피에 꽂혀 있던 꽃잎이나 편지.
그런 것들이 우리 마음에 잔물결을 일으키곤 합니다.

방금 누군가 내 앞에 앉았다가 일어났습니다.
그가 앉았던 소파가 움푹 들어가 있네요.
다른 무엇이 아니라 그 자국 때문에 울어본 일이 있다면
당신은 그를 사랑한 것입니다.
이별을 실감하게 하는 것은
다른 무엇보다 흔적이 있기 때문이지요.

때로 그것은, 셔츠에 묻어 있는 얼룩이거나
잊어버리고 미처 지우지 못한 문자메시지일 수도 있겠지요.
우리를 흔드는 것은 바로 그런 '자국'들입니다.

흔적들만이 남아서 때로 우리를 울게 합니다.

올해는 당신에게 어떤 흔적을 남기게 될까요.
우리는 또 이렇게 시간이라는 강물 위를
흔들리켜서 다만
흘러갑니다.

우리는 또 이렇게 시간이라는 강물 위를

흔들리면서 다만

흘러갑니다

감수성,
물의 화법

눈이 내리면 사람들은 괜스레 설레어 약속을 잡습니다.
비가 내리면 마음까지 젖어서 생각에 잠기기도 하지요.

그럴 때 우린 조금 서정적 인간,
감수성이 풍부한 사람이 됩니다.
눈이나 비가 내릴 때 마음이 촉촉해지는 건
우리 마음에도 보습이 필요했단 얘기 아닐까요.

감수성이 풍부하다는 건
마음에 물기가 많다는 뜻이기도 할 거예요.
눈물이 많은 사람은 다른 아픔에 좀 더 잘 스미고 번집니다.
감수성(感受性)은 감수성(感水性)이기도 합니다.

감수성은 그러니까 수채 물감 같아서,
다른 색을 덮어서 나의 색깔을 주장하지 않습니다.
내 안에 다른 색을 들이고,
서로에게 섞이고 스며들어서 제3의 색을 낳죠.
그걸 '물의 화법'이라고 하면 어떨까요.

겨울을 의미하는 영어 'winter'는,
'물의 계절'이란 뜻의 옛 독일어에서 나온 말.
물의 계절, 당신도 자주 번지고 스며들었겠지요.

당신의
여름은

태양은 가장 높은 곳을 향해 가고
땅 밑에서는 감자알이 마저 둥급니다.
버찌가 익을 무렵입니다.

6월은 푸른 열매의 계절입니다.
씨를 품은 것들은 둥글어집니다.

여름은 '열다, 열리다'란 동사에 명사형 어미가 붙은 건데요.
열매 맺는 시기란 뜻이죠.
꽃 진 자리마다 여름이 달려 있습니다.

이제부터 과육은 당도를 높여가고
과육이 품은 씨는 안으로 단단해집니다.
어떤 씨들은 독을 품기도 하지요.
그래야 새나 인간에게 먹히지 않고
다음 여름을 준비할 테니까요.

씨앗이 쓴맛으로 단단해지는 건 그러니까
오지 않은 시간을 위해서입니다.
가장 달콤한 것과 가장 쓰고 독한 것이 한 몸의 일인데요.

둥글어지며 독해지는 것,
이것이 나무의 여름입니다.
당신의 여름은 어떻습니까.

서늘한
마루가 되어

악기 소리가 마루에 내려앉습니다.
소리는 다시 엉덩이를 거쳐 척추를 타고 올라가고,
음들은 피톨처럼 혈관을 흘러 다닙니다.

10년 넘게 하우스 콘서트를 열고 있는 피아니스트 박창수.
그가 의자가 아니라 마루에 관객을 앉히는 까닭입니다.

악기는 마루와 같은 재질이죠.
그래서 우리 국악도
대청마루 깔린 한옥에서 들어야 제맛이라고 하네요.

새벽 산사에 가보면
엎드려 기도하는 사람들을 볼 수 있습니다.
무슨 간절함이 저들을 새벽 찬 마루에 엎드리게 했을까요.
나 역시 누군가의 이마나 무릎을 받아주는
서늘한 마루가 되어도 좋겠습니다.

헐렁하게 앉아서 빗소리를 듣기도 하고,
책을 읽다 혼곤한 잠에 빠져들기도 하던
어느 여름날의 툇마루도 있습니다.
그런 마루에선 빗소리, 바람 소리까지 다 활자가 되지요.

일 인용 의자보단,
같이 둘러앉을 수 있는 마루나 평상 같은 공간.
사람도 그런 사람이 더 좋습니다.

여름,
생의 한가운데

7월이나 8월이라는 말은 어감부터 그렇습니다.
4월이나 10월처럼 시적이지도,
5월이나 6월처럼 부드럽지도 않죠.
치열한 일념, 팔팔 끓는 여름의 이미지가
어감에 그대로 실려 있습니다.

여름의 날씨를 표현하는 단어들도 대부분 그렇습니다.
태풍, 땡볕, 뙤약볕, 폭염, 폭서, 폭풍…….
보기만 해도 따끔거리는 저 거친 파열음들!

여름은 결코 우아하고 서정적인 계절이 못됩니다.
오히려 정념에 사로잡힌 여인을 닮았다 할까요.
여름은 또한 장마와 홍수와 태풍으로
애써 기른 것들을 쓸어가버리죠.
파괴와 재창조를 관장하는 힌두의 신,
시바의 모습을 거기서 봅니다.

초록은 제 색을 다 써서 궁극에 이르고,
태양은 극성스럽고 쟁쟁합니다.

더는 갈 수 없는 초록,
거기서 들리는 매미들의 뜨거운 구애.
그 지극함만으로 여름은 생의 한가운데입니다.
그 중심에서 안부를 묻습니다.

상처에서
비롯하다

먹이와 함께 들어온 이물질이 조개의 속살에 상처를 냅니다.
놀란 조개는 특수한 담즙을 내서 그 이물질을 감쌉니다.

수백 수천 번씩 감싸 상처를 치유하는
이 과정에서 태어나는 게 바로 진주죠.

로키 산맥 해발 3,000미터의 수목 한계선 지대.
말 그대로 나무가 자랄 수 있는 가장 높은 곳인데요.
바람에 맞서느라 나무들은
키가 작고 볼품없이 뒤틀려 있습니다.
그런데 이 나무들로 만들어야
공명이 뛰어난 바이올린을 얻을 수 있다고 합니다.

창조, 창작의 '창(創)'자에는
'만들다, 비롯되다'란 뜻만이 아니라
'다치다, 상처 입다, 슬프다'
이런 뜻도 있습니다.
한 글자가 품은 두 가지 의미, 그저 우연이기만 할까요.

왜 우리는 아픔 속에서 울면서 태어나는 걸까요.
어째서 슬픔은 기쁨보다 감염되기 쉬운 걸까요.

목소리,
목소리

사랑했던 사람의 목소리가 더 이상 생각나지 않는다는 건
서러운 일입니다.
목소리는 영혼의 영역이기 때문일 겁니다.

그런 순간들이 옵니다.
그와 나눴던 이야기, 그가 불렀던 노래,
표정과 몸짓까지 아직 생생한데
목소리만은 떠오르지 않아 망연해지는 순간.
그때 비로소 그는 내게
'없는 사람'이 됩니다.

나뭇잎이 그런 것처럼
같은 색깔의 목소리는 지상에 단 하나도 없지요.
고유의 목소리.
그걸 목소리의 무늬, 성문(聲紋)이라고 부릅니다.

녹음된 목소리를 처음 들었을 때의
그 이상한 느낌을 기억합니다.

자기 목소리만큼 멀고 낯선 것도 없는 것 같은데요.
삶이란 자신의 목소리를 용인해가는 과정일지도 모르겠다는
생각을 해봅니다.

다른 사람이 듣는 내 목소리와
내가 듣는 내 목소리의 불일치
그건 어쩌면 관계의 상징일 수도 있겠죠.

하지만 마음이 통하는 사람과의 대화는
목소리들이 만들어내는 가장 평화로운 음악입니다.

눈물의 온도에
기대어

"모두 병들었는데 아무도 아프지 않았다"

시인 이성복이 쓴 「그날」이란 시의 마지막 구절인데요.
30여 년 전 시인의 진단은 오늘날에도 유효한 것 같습니다.

서점엘 가봐도, 텔레비전을 틀어봐도,
'힐링'과 '치유'가 넘쳐납니다.
거리엔 온갖 클리닉과 행복 안내 이정표들이 즐비합니다.
그런데 왜 내 삶은 좀처럼 교정되거나 개선되지 않고
어째서 우리의 불행엔 차도가 없을까요.
시인의 말을 고쳐 써보자면
모두들 치유를 말하는데 아무도 낫지 않는 것 같습니다.

그런데 근본적 위로나 치유,
그런 건 어쩌면 불가능할지도 모릅니다.

우리가 할 수 있는 건 그저,
울고 있는 그의 곁에서 같이 울어주는 일.

섣부른 조언이나 호들갑스런 위로보단
그편이 더 믿을 만합니다.

우리가 해야 할 건 그냥,
떨고 있는 누군가에게 다가가는 것.
다가가 뒤에서 가만히 안아주는 것.
그건 그의 심장에 나의 심장을 포개는 일입니다.

눈물의 온도, 그 미지근함에 기대어
심장의 박동, 그 희미함에 기대어
우리는 또 하나의 저녁을 건넙니다.

우리가 해야 할 건 그냥,
떨고 있는 누군가에게 다가가는 것
다가가 뒤에서 가만히 안아주는 것

그건 그의 심장에 나의 심장을 포개는 일이니까요

한
시절이

거실에 비껴 눕는 오후 네 시의 빛이 다릅니다.
밖에 바람이 부는지
빛 그림자가 먼 세상처럼 일렁입니다.

하늘은 한 뼘쯤 더 높아지고,
저녁 그림자는 조금 더 자랐습니다.

골목의 가로등엔 조금 더 일찍 불빛이 돋고
계절이 지나가는 하늘에선 별들이 자리를 바꾸고 있겠지요.

야외 테라스에서 아이스커피나 맥주를 마시는 즐거움은
옷을 개어 넣어두듯 다음 해를 위해 미뤄둡니다.
대신 뜨거운 커피 잔을 두 손으로 감싸 쥡니다.

누군가는 새벽에 이불을 끌어당기면서
누군가는 여름내 신었던 샌들에 발을 넣다가 느끼겠지요.
하나의 계절이 끝나가고 있다는 것,
한 시기가 지나가고 있다는 걸 말입니다.

감기로 환절을 실감하는 분들도 있겠지요.
하지만 그건
한 계절과 뜨겁게 사귀었다는 흔적인지도 모릅니다.
통과의 표식 또는 화인(火印) 같은 것 말입니다.
당신은 어떤 것에서 가을을 예감하시는지요.

내가 올 때까지
기다리라고 말하는 달

일 년 열두 달 중에서
발음할 때 가장 시적인 달은
역시 10월입니다.
10월, 하고 불러보면
이맘때 부는 바람처럼 마음이 좀 시리기도 하고,
뜨거운 시절을 버텨온 뼈마디 어딘가가
시큰해지는 것도 같습니다.

10월이라는 말 속엔 이런 것들도 있지요.
풀들이 말라가는 냄새.
쑥부쟁이, 개미취, 구절초 같은 들국화들의 쌉싸래한 향기.
막 붉어지기 시작하는 잎들의 열감(熱感).
그리고 열매들이 제 몸을 단단하게 여미느라 힘쓰는 소리!

인디언 부족 카이오와는 10월을
'내가 올 때까지 기다리라고 말하는 달'이라고 부른다고 합니다.
그들은 왜 이런 이름을 붙였을까요.

10월을 부르는 인디언들의 말을
입안에서 천천히 굴려보고 싶은 저녁입니다.

잘 우는 자를 빌려 곡하고 싶을 때

"자연의 계절 변화도 또한 잘 우는 것을 택하여 그것을 빌려 운다. 새는 봄을 울고, 천둥은 여름을 울며, 벌레는 가을을, 바람은 겨울을 운다."

당나라 문인 한유의 시 「내가 우는 이유」의 한 부분인데요.
한유는 사람 또한 같다고 했습니다.
사람 중에서도 가장 잘 우는 자들을 빌려서
그로 하여금 울게 한다는 건데요.
시 짓고 노래하는 자들이 그들이라 했습니다.

1,200리 아득한 요동 벌판 앞에 선 연암은
자신도 모르게 외칩니다.
"참 좋은 울음터구나, 크게 한 번 울 만하다."
울기에 좋은 곳,
그래서 '호곡장(好哭場)'이라고 했다지요.

시인들은 대신 울어주는 존재지요.
그리고 어떤 시와 음악은 참 좋은 호곡장인데요.

그렇게 나를 대신해 울어주는 시인을 여러분도 가졌는지요.

혹은 서러움이나 슬픔 같은 것들이 차올랐을 때,
그것을 그 누구에게도 들키고 싶지 않을 때,
그럴 때 찾아갈 울음터가
하나쯤 있으신지요.

나 혼자서
몰래

제주 바다 해녀들은 그랬다지요.
크고 좋은 전복을 발견하면 그건 따지 않고
거기 그냥 숨겨두고 왔다지요.

자신이 발견한 그 은밀한 기쁨을 간직하기 위해서,
그리고 마음에 둔 정든 사람이라도 오면
그때 그이를 위해 따오려고요.

숨겨두고 아껴두고 싶은 비밀한 무엇.
중요한 언젠가를 위해 나 혼자 몰래 기르는 꽃.
누군가에겐 퇴근 후 악기를 배우는 일일 수도,
누군가에겐 작가를 꿈꾸는 일,
그래서 홀로 깨어 글을 쓰는 일일 수도 있겠다 싶습니다.

비밀이 없는 삶은 남루합니다.
사랑할 때조차 비밀은 삶을 풍요롭게 합니다.
그것마저 없다면 삶은 얼마나 더 권태롭고 건조할까요.

비밀(秘密).
두 글자 도두에 반드시,를 뜻하는
'필(必)'자가 들어가 있네요.
반드시 지켜야 하는 것이기 때문일까요.
혹시 반드시 지녀야 하는 것,
가질 수밖에 없는 것이기 때문일까요.
말하자면 삶의 '필요충분조건' 같은 것 말이지요.

남들 모르는 은밀한 기쁨, 혹은 나만의 밀실을
생애 하나쯤은 지녀볼 일입니다.

소슬바람이
불면

목덜미를 만지는 찬 손처럼
소슬바람이 부는 계절입니다.
그런데 '소슬바람'이라는 말 참 예쁘지요.

소슬 소슬, 발음해보면
입천장 안쪽 어딘가가 간질간질하고요.
오소소 잔털들 일으키며 소름이 돋는 것도 같습니다.
또 몰래몰래 내리는 빗소리 같기도 하고
이 계절처럼 왠지 쓸쓸한 느낌도 나는 말입니다.

맑은대쑥 '소(蕭)'에 큰 거문고 '슬(瑟)'자라고 하네요.
어쩌면 이렇게도 예쁜 글자들인가요.
그런데 그러고 보니 정말 그렇습니다.
소슬바람이 불면,
쑥 향 밴 맑은 거문고 소리가 얼핏 들리는 것도 같으니까요.

어떤 시인은 바람이 불어서 살아야겠다고 했지요.
또 어떤 시인은

바람이 들면 가슴에서 풀피리 소리가 난다고 했는데요.
소슬바람 부는 10월,
당신 마음에선 어떤 소리가 나는가요.

숨비소리

'숨비소리'를 들어본 적 있으신가요.
해녀들이 잠수 후에 물 밖으로 머리를 내밀고
긴 숨을 내쉴 때 나는 소리죠.

휘파람 소리나 풀피리 소리 같기도 하고
바닷새들의 노랫소리처럼 들리기도 합니다.
그런데 그토록 아름다운 소리가
실은 목숨과 직접적으로 연결된 소리라는 생각을 하면
조금 숙연하고, 또 처연해지기도 합니다.

우리의 삶이라는 것도 해녀들의 물질과 다르지 않지요.
먹을거리를 구하기 위해
검푸른 바다로 자맥질해 들어가야 하는 일.
그 심연에서 더는 버틸 수 없을 때까지 숨을 참는 일.
제 몫의 생활을 꾸려간다는 건 그런 것일 테니까요.

숨비소리를 통해 해녀들은
2분 가까이 잠수하면서 생긴 몸속의 탄산가스는 뱉어내고,

산소는 깊이 빨아들인다고 합니다.
노동 중의 짧은 재충전인 셈인데요.

다시 검푸른 바닷속으로 들어가기 위해 들이는
한 모금의 숨, 한 호흡의 노래.
우리에게도 그것이 절실합니다.
숨비소리란 그저 잠깐의 휴식이나 숨 고르기 정도가 아닌
곡숨의 일이기 때문입니다.

그것이 없다면 삶은,
질식해버리고 말 테니까요.

마음의
빠르기

지금은 어디쯤 갔을까요.
하루 평균 25킬로, 시속 1킬로로 내려가고 있다고 하는데요.

단풍 얘기입니다.
시속 1킬로.
그러니까 가을이 깊어지는 속도인 셈인데요.
이제 막 발을 뗀 아기의 걸음마,
산길을 천천히 걷는 사람의 속도도 그 정도일 겁니다.

일본 애니메이션 영화 중에 「초속 5cm」란 작품이 있죠.
초속 5센티.
벚꽃이 떨어지는 속도이자
소년이 소녀에게 다가가는 마음의 빠르기.
어쩌면 눈물이 흐르는 속도도
딱 그 정도 아닐까 생각해봅니다.

우리 몸의 속도는
애초에 이렇게 자연의 속도와 비슷했을 겁니다.

하지만 오늘도 우린 시속 120킬로로 달려야 하고,
스마트해진다고 유혹하는 디지털의 속도에 끌려가느라
고단하기만 하지요.

이런 세상 속에서 자기 속도를 유지하는 건
점점 힘겨워지는데요.
낙엽이 지상에 내려앉는 찰나,
그 무한의 시간을 가만히 바라보는 일은 어떤가요.

잠깐 멈춰서라는 계절의 빨간 신호등.
단풍이 붉은 이유인지도 모릅니다.

그리운,
돌아갈 곳

연어가 돌아오고 있습니다.

짧게는 2년에서 길게는 5년,
고향을 떠나 북태평양 먼바다로 나간 연어는
베링 해나 알래스카, 그 찬 바다에서 어른이 됩니다.

2만 킬로,
어릴 때 맡았던 물 냄새를 기억하면서 돌아오는 그 긴 여정.
어떻게 그들은 돌아가야 할 곳을 아는 걸까요.
그들을 회귀하게 만드는 건 어떤 그리움일까요.

새들이 돌아오고 있습니다.

수천 킬로, 찬바람 속을 날아온 겨울새들.
천수만 갈대숲에 깃든 그들의 깃털에는
시베리아와 몽골의 바람 냄새가 묻어 있습니다.

제 몸에 제 부리를 박고
세상에서 가장 외로운 자세로 잠이 든 새들.
그들은 어떻게, 떠나야 할 그 처음을 아는 걸까요.
그 막막한 공중에서 착지해야 할 이곳을, 찾아낸 걸까요.

잎들도 자신이 왔던 곳으로 돌아갈 채비를 합니다.
당신 또한 돌아가야 할 그리운 것들 곁이기를 바랍니다.
혹은 지금 거기가,
지친 날개를 잠시 품어줄 갈대숲이기를 바랍니다.

손톱이 가장 빨리
자라는 달에는

여자들의 손톱 속에 떴던 주황색 달이
하현을 지나 그믐 쪽으로 갑니다.

11월은 손톱이 가장 빠르게 자라는 달이라고 합니다.
모든 살아 있는 것들이 생장을 멈추거나 늦추는 계절에
무엇하러 손톱만은,
그렇게 서둘러 자라는 걸까요.

여름날의 거미와 날개 찢긴 나비들은
어디로 간 걸까요.
꽃을 달았던 빈 대궁들에는 이제 바람이 거(居)합니다.

그 위로 탄식처럼 첫눈이 내릴 겁니다.
첫사랑을 기다리는 소녀들의 손톱 속으로도
눈은 내려서 녹겠지요.

11월에는 또한 이맘때 떠난 가객들을 떠올립니다.
유재하와 김현식과 김정호와 차중락과 김성재……,

우리가 사랑했던 목소리들이
허름한 뒷골목에 흐릅니다.

그 골목에서 만나는 사람들의 표정은
조금 피로한 듯 쓸쓸해 보여서
11월엔 모르는 사람과도 더운 술을 나누고 싶어집니다.

단풍의 이유,
당신의 이유

뜨겁게 타올랐던 잎들이 발치에서 식어갑니다.

우리는 '물이 든다'라고 하지만
단풍은 사실 '물을 버리는' 과정이라지요.
나무가 광합성을 포기하고 엽록소를 파괴하는 것.
그래서 빨강이나 노랑 같은 다른 색소가 드러나는 것.
그게 단풍의 이유라고 하니까요.

그러니까 단풍은
이제 더 이상의 성장을 포기한다는 체념의 표시,
겨울을 예감하고 시련을 준비하는 나무의 장엄미사입니다.
그 슬픈 의식이
우리에겐 그토록 아름다운 풍경이었던 것이지요.

별이 빛나는 이유도 비슷합니다.
우리가 '별'이라고 부르는 것부터가
사실은 먼지와 가스 덩어리라고 하지요.
그 가스의 원자들이 충돌을 일으키면서 생기는 열.

그 열이 별을 빛나게 만든다고 합니다.
그렇게 자체 연료를 모두 사용한 별은
냉각되면서 소멸해간다는 건데요.

자신을 연료로 삼아 스스로를 불태우는 과정.
그 소진과 고갈이
다른 별에 사는 우리에겐 낭만과 이상이 됩니다.

우리는 속절없이 죽음을 향해 갑니다.
그 과정과 흔적이
다른 누군가에게 아름다움이나 빛이 될 수 있을까요.
삶에서 기꺼이 수락할 수 있는 역설이 있다면
그런 것은 아닐까요.

존재의 이유
단풍의 이유나 별빛의 이유와
그리 다르지 않을지도 모릅니다.

작은
주머니쯤이면

추운 날, 애인은 손을 끌어다가
자기 주머니에 넣고 언 손을 녹여줍니다.
주머니 속에 두 손을 맞잡고 겨울 거리를 걷던
그런 연애의 기억이 있으신지요.

큰 건물에 딸린 작은 화단들은 그 집의 주머니 같습니다.
그 주머니에는 구근식물의 뿌리가
동그란 주먹처럼 담겨 있다가
제일 먼저 봄을 알리기도 하고
깨끗한 눈이 가장 오래 머물기도 합니다.

할머니는 허름한 속옷 안쪽에 천을 덧대어
주머니를 만들었습니다.
그 속에서 꼬깃한 돈을 주섬주섬 꺼내
손자들에게 건네곤 하셨죠.

주머니를 생각할 때
우리는 그 안에 넣을 좋은 것들부터 떠올립니다.

그래서 주머니에는
복(福), 부(富), 귀(貴), 희(喜) 같은 글자나
십장생(十長生) 같은 걸 수놓았죠.

걷기에도 피곤한 퇴근길엔 누군가의 주머니에 담겨
집으로 옮겨졌으면 싶을 때가 있습니다.
그 사람의 걸음에 따라 요람에서처럼 흔들리다가
어린 고양이처럼 잠들고 싶다는 생각.

주머니란 얼마나 따뜻하고 사랑스럽고 때론 든든한가요.
사람에 대해서라면,
나의 쓸모도 그런 주머니쯤이면 족할 것 같습니다.

눈물에 대해
묻는 것은

"눈물은 눈에 있는 것인가? 마음에 있는 것인가?"

19세기 조선 사람 심노숭은
서른한 살에 아내를 잃고 이렇게 질문합니다.

「누원(淚源), 눈물이란 무엇인가」란 글에 나오는 문장인데요.
물이란, 위에서 아래로 흐르는 게 세상 이치죠.
그런데 눈물이 가슴에서 길어 올려져 나오는 거라면
왜 눈물만은 그 이치를 거스르는 것인지,
심노숭은 묻습니다.

눈물은 왜 짠가, 하고 물었던 건 시인 함민복이죠.
눈물에 관한 또 다른 질문이 있습니다.
눈물의 염도는 왜 피의 염도와 같을까요.
웃음은 우스울 때만 나는데 왜 눈물은 그렇지 않을까요.
슬플 때만이 아니라
기쁘고 행복하고 분하고 화가 날 때도 눈물은 납니다.

그래서 눈물은 모든 감정의 귀착점처럼도 느껴집니다.
그래서 눈물에 대해 묻는 것은
인간이라는 존재에 대해 묻는 것,
인간의 윤리에 대해 성찰하는 것일 수도 있겠다 싶습니다.

타인의 눈물을 외면하지 말아야 하는 것만큼 중요한 건,
자신이 흘린 눈물을 기억하는 일 아닐까요.

빈 곳이
있어

제주에 가본 분들은 아시겠지요.
그곳의 돌담들은 빈틈이 반입니다.
구멍이 숭숭해서 바람이 드나들죠.
그런데 그 구멍 때문에
태풍이 불어도 담은 무너지지 않습니다.
집을 지키는 건 돌담이 아니라 구멍입니다.

도시에서 그런 구멍은 공터가 아닐까요.
집들이 공중까지 빽빽이 들어찬 도시 속에서 공터는
간신히 비어 있음으로 도시를 지킵니다.
거처 없는 이들의 머물 곳이 됩니다.

바람이 숨을 돌리고
개망초가 가득히 흔들리고
떠돌이 개들이 거기서
훔쳐온 음식을 들키지 않고 먹습니다.
더러는 집 없는 몸들이 잠을 부려놓기도 하지요.

그러니까 공터는 원래의 말뜻과는 달리
빈 곳이 아닌 셈입니다.
아무것도 없는 자리에 비로소 있는 것들,
고요함으로 가득해서 들리는 것들이 공터에 있습니다.

좀 허전한 듯 헐렁한 듯
사람도 그러면 좋겠습니다.
풀씨가 내려앉을 공터,
바람이 드나들 구멍을 마음에도 가져야
큰바람이 올 때 무너지지 않을 테니까요.

좀 허전한 듯 헐렁한 듯
사람도 그러면 좋겠습니다

바람이 드나들 구멍을 마음에도 가져야
큰바람이 올 때 무너지지 않을 테니까요

간즈럼나무
아래서

'간즈럼나무'를 아시나요.

제주에선 '저금 타는 낭'.
'저금'은 제주 말로 간지럼, '낭'은 나무라고 합니다.
그러니까 '간지럼 타는 나무'란 뜻인 거죠.

나무 백일홍, 배롱나무를 말합니다.
줄기를 문지르면 간지러운 듯 흔들린다고 붙인 별명이고요.
'간즈럼나무'는 충청도에서 부르는 이름이라고 하는군요.

간지러워서 꽃을 흔들며 웃는 나무를 상상하다가,
간지러움에 대해 생각해봅니다.
간지러움이라는 묘한 자극.
사람에겐 왜 간지러움이라는 감각이 생겼을까요.
어떻게 보면 생존에 꼭 필요하지 않은
잉여의 감각 같은데 말이에요.

왜 간지러우면 도리 없이 웃음이 날까요.

겨드랑이거나 오금이거나 발바닥이거나…….
간지러움을 느끼는 건 어째서 이런 곳이고,
왜, 자기는 자신을 간질여도 웃음이 나지 않는 걸까요.

붉은 꽃이 드 있는 8월의 그 나무 아래를 지나간다면
한 번쯤, 이런 질문을 떠올려보는 건 또 어떨는지요.

나의
가슴 위에는

세상이 그런 곳이라는 뜻일까요.
태어난 지 얼마 되지 않은 아기들은 잘 놀랍니다.
자다가 갑자기 소스라치고 작은 자극에도 크게 반응하죠.

신생아들은 신경계가 미숙하기 때문이라고 하는데요.
그럴 때 아기 가슴을 손으로 지그시 누르거나
가벼운 베개 같은 걸 올려두면 안정감을 느낀다고 합니다.

'너와'라고 하지요.
네팔 같은 고지대를 여행하다 보면
지붕 위에 넓적한 돌을 얹어둔 집들을 볼 수 있습니다.
지붕이 바람에 날아가지 않게 하기 위한 것이죠.

장아찌를 담그는 엄마들은 독 안에 돌멩이를 넣어둡니다.
내용물이 간장에 잠겨 잘 삭도록 하는 것이고요.
종이가 날아가거나 책장이 넘어가지 않게 눌러주는 건
문진(文鎭), 혹은 서진(書鎭)이라고 부르죠.

거친 세상과 사람들에 자주 놀라게 됩니다.
그런 가슴을 지그시 눌러줄
다른 존재의 무게가 필요할 때가 있습니다.
누군가에게로 날아가려고 하는 마음을
눌러 앉혀야 할 때도 있겠죠.

그 마음 위에 올려두는 너와, 문진 같은 것.
또는 풋내를 삭히고 시간 속에 잘 발효되도록 해주는
누름돌 같은 것.
하나쯤 마련해두고 계신지요.

무의미의
아름다움

어떤 때는 모르는 언어를 보고만 있어도 기분이 좋아집니다.
가령 타밀어나 희랍어로 쓰인 문장들을 볼 때가 그런데요.
그때 느끼는 아름다움은 어디서 오는 걸까요.

형태적으로 문자가 예쁜 이유도 있지만
그보단 너무 멀어서, 전혀 이해할 수 없어서가 아닐까요.
먼 언어는 너무나 요령부득이고 해독 불가라
아름답게 느껴집니다.
그 어떤 의미의 간섭과 내용의 개입도 없기 때문이죠.

그건 우리가 나뭇잎을 보면서 느끼는 아름다움과
비슷한 것일 수 있습니다.
누구도 잎사귀를 들여다보면서
잎맥의 의미를 해석하지 않지요.
그런 일에는 맹목의 즐거움과 무구한 평화 같은 게 있습니다.
말하자면 내용 없는 아름다움이랄까요.

꽃 앞에서 우리는 방심합니다.
사람에 대해서도 그럴 수 있다면
어떤 갈등도 번민도 없을 거여요.
하지만 같은 종(種)에 대해서 그러기란 불가능에 가깝죠.
그렇기 때문에 일부러 그런 방심의 시간,
맹목의 순간들을 마련해야 하는 건지 모르겠습니다.

의도와 목적을 잊어버리고 마음을 방목하는 것.
소설을 읽는 일처럼 그 자체로 즐겁고 순수한 탐미의 시간.
그런 무의미에 너무 인색하지 않은 사람이길 바랍니다.

물기를
버리는 일

물관을 가진 것들은 이제 말라갑니다.
초본의 잎도 목본의 가지도
물기를 빼앗긴 만큼 가벼워지고,
가벼워진 만큼 투명해집니다.

마르면서 내는 식물의 냄새는 그 본연을 가장 잘 드러냅니다.
봄의 물기와 여름의 습기로부터,
뒤엉킴과 끈적임으로부터 벗어나
홀로 오롯하기 때문이지요.
속계의 미혹을 물리치고 홀로 나앉은 자의 염결(廉潔)함.
그런 것이 가을의 냄새에는 있습니다.

그것은 또 폐경(閉經)을 지난 여인과도 같습니다.
그러나 폐경이 아니라 '완경(完經)'이라고 한
어떤 시인의 말처럼 물기를 버리는 건
'잃는 것'이 아니라 '익는 것'입니다.

가을은 다시, 내면이 드러나는 계절입니다.
엽록소를 버리기로 한 잎들은
그야말로 '본색(本色)'을 드러내고요.
엑스레이처럼 투과하는 햇살은
나무의 실핏줄까지 드러내 보이지요.

옛이야기 속 토끼처럼 상처를 꺼내 널기에도,
눈물을 내어 말리기에도 좋은 그런 볕입니다.
그렇게 말라서 조금 가볍고 투명해진 눈빛으로
또 한 계절을 건넙니다.

3부

책,
머물러 머금다

이 고독한 세계에서
책은

'책'이라는 글자는 한글보다 한자로 쓸 때 더 어울립니다.
'冊'.
한자로 이 한 글자를 써놓고 가만히 들여다봅니다.

상형문자로서의 '책'은
글을 쓰기 위한 대나무 조각이나 나무판을
줄로 꿰놓은 모양이라고 하죠.
또 한편으론, 신전의 '문(門)'을
간략하게 표현한 거라고도 하는데요.
그러니까 책은
다른 세계, 다른 차원으로 들어가는 입구입니다.

달리 보면 '冊'이라는 한자는
'멀 경(冂)'자 둘이 엮여 있는 모양이기도 합니다.
멀고 먼 것들이 책이라는 매개를 통해 만납니다.
이곳과 저곳, 먼 존재들을 연결하는 끈.
그게 바로 책이 아닐까요.

당신과 나, 우리는 이렇게 서로 멀리 있습니다.
동시에 나와 당신, 우리는 이렇게 가까이 있습니다.
우리 사이에 책이 있기 때문이지요.

이 고독한 세계에서
책이든
무엇이든
연인이든
타인이든
우리에게 위안을 주는 것은
누군가, 무언가와 연결돼 있다는 느낌입니다.

책이라는 글자를 관통하고 있는 끈처럼.

이 고독한 세계에서
책이든
무엇이든
연인이든
타인이든
우리에게 위안을 주는 것은
누군가, 무언가와 연결돼 있다는 느낌

책이라는 글자를 관통하고 있는 끈처럼

타인의 흔적 속에
잠시

"답답한 하루! 한 달! 일 년! 바로 1980년!
미래를 내다보다. 과연 훗날은 우리에게 무엇을 가르쳐줄 것
인가?"

앤서니 버지스의 『1985』라는 책 79쪽에 있는 메모입니다.
1980년대라는 시대의 공기가
이 짧은 문장들 안에도 자욱합니다.
역사는 그에게 무언가를 가르쳐주었을까요.

"사랑 때문에 울어서는 안 된다."

앙드레 지드의 『지상의 양식』을 선물하며
한 귀퉁이에 적어 넣은 1996년의 문장입니다.
20년 가까운 세월 동안, 이 다짐을 그는 지켰을까요.

『헌책이 내게 말을 걸어왔다』라는 책에 실린 메모들입니다.
서울 응암동에서 헌책방을 운영하고 있는 저자 윤성근이

헌책 속에서 옛 주인들의 메모를 찾아내 한데 모은 건데요.

수십 년 전 누군가의 독백이
몇 번의 우연들을 거쳐서 헌책방 한구석에 도착하고,
거기서 다른 누군가는, 한 청춘이 남긴 흔적에
동명하게 될 거겠죠.

타인의 흔적 속에 잠시 머물러
그 문장을 더 금어보는 일.

사람도 더러는 그런 헌책방이나
그곳의 허름한 책 같은 것이 되어도 좋겠습니다.

나를 누설하는
말들

그는 부정의 시인이었습니다.
'없다, 않다, 아니다, 말다, 못하다⋯⋯.'
그의 시에 가장 많이 등장하는 건 이런 부정어.
176편에 실린 5,220개 단어 중
98편에서 250번이 나왔다고 합니다.

그는 긍정의 시인이었습니다.
'좋다, 웃다, 사랑, 사람⋯⋯.'
그가 즐겨 쓴 단어들인데요.
그에게 부정은
더 커다란 긍정에 도달하기 위한 몸짓이었나 봅니다.

그는 시인 김수영입니다.
'좋다', '웃다' 등의 단어와 같은 빈도로 사용된 감정어는
'울다'와 '설움'인데요.

웃음은 높고,

울음은 깊습니다.

웃음과 눈물의 진폭,
부정과 긍정 사이의 길항(拮抗).
팽팽한 줄다리기 같은 그 긴장감이
그의 시가 갖고 있는 고유한 에너지의 원천이 아닐까,
40년이 지나도 그의 시가 우리에게 수혈해주는 힘이 아닐까,
헤아려보게 되는데요.

한 작가가 즐겨 사용하는 단어들을 통해서
우리는 그의 세계를 엿봅니다.
나도 모르게 자주 쓰는 말들은
나를 누설하는 단서가 되기도 하지요.
요즘 당신이 가장 자주 입에 올리는 건 어떤 말인가요.

책의
그늘

세상이 가장 뜨거울 때
나무는 초록의 한계치에 도달합니다.
이때 나무는
자신이 쓸 수 있는 가장 진한 피로 이룬
어떤 절정을 보여주지요.

여름 나무 아래서 올려다보면
나무는 그 자체로 한 권의 책입니다.
느티나무, 목련나무, 은사시나무······.
그 무수한 잎들은 나무가 겨우내, 봄내 써낸 글자들이지요.

가끔 바람이 그 푸른 책장을 넘기고 지나갑니다.
그 틈으로 구름을 보는 일은
나무의 행간을 읽는 일이고요.
자벌레와 하늘소, 멧새와 지빠귀······.
거기 깃들어 사는 존재들은 나무의 쉼표나 느낌표입니다.

그러므로 여름 숲은 나무들로 이루어진 도서관입니다.
그늘의 농도는 숨기에 적당하지요.

그 그늘 아래서
단어 하나를 오래 음미하듯이
손금을 찬찬히 들여다보듯이
나뭇잎 한 장을 오래 읽어보아도 좋겠습니다.

그 그늘에 잠시 깃들었다 나오면
이 땡띠 나는 세월을 조금 더 견딜 수 있지는 않을는지요.
책의 그늘 역시 숨기에 적당합니다.

나라는 도서관의
서가에

"빗방울이 흰 종아리를 내보이며 종종걸음으로 뛰어가는 아침에 / 나는 도서관으로 향한다."

무작정 회사를 그만두고 남산도서관으로
출근하다시피 했다는 시인 장석주.
20대의 그 도서관 시절이 시인을 만들었다고 합니다.

"마두도서관 뒤쪽 언덕배기 벤치 옆에 서 있는 벚나무는 정말 싱그러웠다. 사람으로 치자면, 열일곱 살 정도의 사내애처럼 느껴진다."

도서관을 이렇게 서정적으로 기억하는 작가는
소설가 김연수입니다.
거기서 책을 읽던 자신의 모습이
인생의 명장면 중 하나라고 하네요.

도서관에 틀어박혀서, 밀린 책이나 읽으면 얼마나 좋을까요.

하지만 이 계절엔 천지간이 도서관입니다.
구름을 일구는 하늘이라든지
씨앗들을 익히는 햇살이라든지
이런 것들이 가을의 필독서인 셈이지요.

우리들 각자도, 생각해보면 하나의 도서관입니다.
거기엔 기억이나 경험, 생각이나 꿈같은 책들이 꽂혀 있죠.

오늘 그 서가에 새로운 책을 꽂습니다.

글자가 여무는
계절

그 시절, 사람들은 자주 밤하늘을 올려다보았습니다.
별을 보며 길을 찾고, 별을 보고 예언을 하고,
별자리를 그려 이야기를 만들어냈죠.

우주처럼 아득하고 광막한 빈 페이지에
누군가는 별을 심습니다.
흰 종이에 박힌 그 검은 별들은
당신이 눈을 맞출 때, 비로소 빛이 납니다.
그 빛으로 길을 찾고, 꿈을 꾸기도 하지요.

가을은 천상의 별이 가장 빛나는 계절입니다.
하늘은 별이라는 언어로 페가수스와 안드로메다,
그리고 물고기가 된 아프로디테의 이야기를 들려주지요.

가을은 지상의 글자들이 여무는 계절입니다.
우리는 글이라는 별을 책에 담아, 축제를 엽니다.

우리 거리 위로 이제 곧 별들이 떠오르겠지요.

그리고 이 순간, 우리는 서로 눈을 맞추면서
지상의 별들에 대해 이야기하려고 합니다.

다시
첫 페이지를 펼치며

책의 첫 페이지를 펼치는 건,
언제나 두근거리는 일입니다.
모든 처음들처럼 당신도 조금은 설레고
또 조금은 깊은 숨을 쉬게 되겠지요.

한 해를 보내고 또 한 해를 맞는 일.
책을 열고 닫는 것하고도 비슷하겠다 싶습니다.
마지막 페이지를 덮었을 때의 얕은 탄식이나 엷은 미소.
새로 펼친 책의 서문이나 첫 문장을 마주할 때의
기대와 설렘 같은 것 말입니다.
그것도 거창하다면
하나의 장(章)을 마치고
다음 장을 쓰는 일이라고 하면 어떨까요.

연말이나 새해라는 것도
따지고 보면 오늘 다음에 오는 '내일'.
평범한 날들의 어느 하루일 겁니다.
그럼에도 이 새로운 시간의 이정표 덕분에

우리는 격려와 감사 그리고 축복의 말을 나눌 수 있겠지요.

새해엔 당신에게 근사한 이야기가 많이 생겨나길 바랍니다.
시적(詩的)인 순간들을 더 많이 경험하길 빌어봅니다.
훗날 당신이라는 책을 들춰볼 때
밑줄 그을 수 있는 날들이 많은 그런 해였으면 합니다.

알아듣고
다가가려

아기들은 보드라운 혀로 옹알거립니다.
노인들은 주름진 입술로 웅얼거립니다.

아기의 옹알이와 노인의 웅얼거림.
삶은 그 사이의 일입니다.
소설은 그 '사이'를 이해하려는 노력이겠지요.

봄의 새들은 높게 지저귑니다.
취한 사람은 낮게 지껄입니다.

새의 지저귐과 인간의 지껄임,
어쩌면 그 사이에 시(詩)가 자리합니다.
새들의 노래와 사람의 독백,
시는 그 이종(異種)의 언어를
연결하고 번역하려는 노력일 테니까요.

지저귐과 지껄임.
옹알이와 웅얼거림.

그 희미한 길을 알아듣기 위해
우리가 찾는 무언가에 좀 더 다가가기 위해
오늘도 책을 펼칩니다.

암전과
침묵으로부터

"봄은 침묵으로부터 온다."

침묵을 예찬하는 문장들로 가득한 책,
막스 피카르트의 『침묵의 세계』에 나오는 구절인데요.
3월은 연극이 시작되기 직전,
객석의 침묵을 닮았습니다.

때로 침묵은 그 어떤 주장이나 외침보다 힘이 셉니다.
진정한 사귐 또한
침묵의 말을 알아들을 수 있을 때 가능한 것이겠지요.

수도사들의 일상을 담은 다큐멘터리 영화
「위대한 침묵」과 「사랑의 침묵」.
두 영화 모두 의미 있는 반향을 일으키며 관객을 모았었죠.
대사는 거의 없는, 지루할 만큼 조용한 영화를
사람들은 왜 굳이 찾아가서 돈을 내고 본 걸까요.

거친 고함과 경적 소리와 온갖 소음들…….

세상은 점점 데시벨을 높여갑니다.
그리고 마음 없는 말들에 당신 또한 자주 다칩니다.
우리에게 정작 필요한 건 그럴듯한 위로의 '말'이 아니라
'악전'과 '침묵'인 까닭입니다.

그리고 어느 날
서귀포시 서쪽에

1977년 4월 1일.
영국 웨일스의 한 시골 마을에서
독립선언문이 선포됩니다.
그리고 리처드 부스라는 남자가
스스로 왕위에 등극합니다.

그 '왕국'은 원래
책을 읽는 사람도 거의 없던 아주 작은 마을이었죠.
1962년, 그는 마을의 옛 소방서 건물을 사들입니다.
그리고 헌책방을 세웁니다.
'책의 왕국'이 시작되는 순간이었죠.

마을 전체가 헌책으로 가득한 책 마을,
헤이온와이 얘깁니다.
한 해 관광객 50만 명이 찾는,
그야말로 세계적 명소가 되었는데요.
우리나라에도 그런 책 마을이 생길 것 같습니다.

제주도 서귀포시 서쪽, 강정마을이란 곳입니다.
작가들이 주축이 돼서
'평화책마을' 만들기 사업을 진행 중인데요.
돌담과 대문, 정자와 과수원,
심지어는 당산나무와 비닐하우스까지
마을 어디든 서가가 되고 열람실이 된다고 합니다.

장난 같은 일, 무모한 도전일 수도 있겠지요.
하지만 리쳐드 부스가 처음에 들은 소리도
'정신 나간 늠'이란 말이었습니다.
그렇다면 37년 전 헤이온와이의 독립선언문을
우리도 꿈꿔볼 수 있지 않을까요.

여러 겹의 생을 읽는 오후

"한적한 오후다
불타는 오후다
더 잃을 것이 없는 오후다
나는 나무속에서 잔본다."

시인 오규원이 생전 마지막으로 남긴 시인데요.
시에서처럼 그는 강화도 전등사 소나무 아래 잠들었습니다.

"나무는 나의 재산에 속하지 않을 것이다. 나의 실존에 속할 것이다."
이렇게 쓴 사람은,
역시 수목장을 원했던 소설가 이윤기입니다.

사람은 죽어서 나무가 됩니다.
나무가 요람이면서 실존일 수 있는 까닭인 것이지요.

어떤 나무는 한 권의 책이 됩니다.
그렇다면 당신은 지금 여러 겹의 생을 읽고 있는 것이겠지요.

그러니까 꽃은 나무의 육필이면서
우리 앞을 살다 간 누군가의 숨결입니다.
꽃 핀 나무를 바라보는 것이나 책을 읽는 일이
우리 영혼에 관여하는 이유도 그런 것은 아닐까요.

책내
몸내

흰 좀벌레 한 마리가
아끼는 책을 여기저기 갉아 먹었습니다.
화가 나서 잡으려고 들여다보니
그 좀벌레가 갉아 먹은 건 이런 글자들이었습니다.
추국(秋菊), 목란(木蘭), 강리(江籬), 게거(揭車).

모두 향기로운 꽃과 풀을 가리키는 한자들인데요.
『이소경』이라는 책 속의 수많은 글자들 중에서도
좀벌레는 향기 나는 글자만을 골라 먹은 거였습니다.

좀벌레가 기특하고 신통했습니다.
그리고 그 글자를 먹은 벌레의 머리와 수염에서도
특이한 향내가 나는지 조사하고 싶어졌지요.
사탈까지 사서 반나절을 찾았지만
결국은 놓치고 말았는데요.
'책만 보는 바보'라 해서 '간서치(看書痴)'를 자처한
실학자 이덕무의 얘깁니다.

말의 향기, 책의 향기,
그래서 '서향(書香)'이라는 표현도 있지요.
그런데 글자에도 몸내, 살내가 있는 모양입니다.
그걸 먹은 좀벌레에게서는 어떨지 몰라도
어떤 책을 통과한 우리 몸 어딘가에선
특별한 향내가 흐를 겁니다.
그 향기들이 모여서 우리 영혼의 체취를 만드는 건 아닐까요.

나무에 대한
채무

태어나자마자 우린 누구나 기저귀를 찹니다.
매일 두루마리 화장지를 풀어 쓰고요.
신문과 책을 읽고 복사지를 사용하죠.

그뿐인가요.
우리가 살고 있는 집의 목재, 침대와 책상, 의자……
그리고 죽어서 묻힐 때 들어가는 관도 있죠.
그야말로 요람에서 무덤까지
우리 삶엔 언제나 나무가 함께 있는데요.

1960년생 소나무로 계산하면 전부 236그루!
한국인이 생애 동안 사용하는 나무의 양이라고 합니다.

인간이 나무한테 진 빚이 이것만일까요.
나무는 우리가 숨 쉬느라 뱉어내는
이산화탄소와 자동차 배기가스를 흡수하기도 하죠.
그 빚까지 다 갚으려면 대체 몇 그루의 나무를 심어야 할까요.
평균연령을 70세로만 잡아도

1인당 무려 6만 6,290그루라고 합니다.

나무는 '나가 없어서 나-무(無)'라는 말도 있다죠.
살아선 그늘과 열매와 목재를 주고
다 잘려나간 뒤에는 그루터기가 되고 거름이 됩니다.

멀리 볼 것 없이
이 책도 바로 나무의 몸이네요.
글 한 줄도 결코 허투루 쓸 일이 아닙니다.

첫 문장을
쓰는 것처럼

"버려진 섬마다 꽃이 피었다."
소설가 김훈의 장편소설 『칼의 노래』의 첫 문장이지요.

처음엔 '꽃이 피었다'가 아니라 '꽃은 피었다'로 썼었다고 해요.
'꽃은'이 '꽃이'가 되기까지,
작가는 며칠을 고심합니다.
담배 한 갑을 태우며 고민고민한 끝에 '은'을 '이'로 고칩니다.

김훈의 경우처럼, 첫 문장이란 건 그런 것 같습니다.
많은 생각과 고민 끝에
아주 정성스럽고 신중하게 쓰이기 마련이죠.

"책의 첫 문장을 쓰기 시작하면 이야기를 끝낼 때까지
쭉 밀고 나갑니다."
첫 문장이 잘 나와야 다음 얘기들도 술술 잘 풀리는 것,
비단 폴 오스터만의 경우는 아닐 겁니다.

첫 문장, 어떻게 쓰셨는지 모르겠네요.

작가들의 첫 문장처럼이야 아니더라도
한 해를 시작하는 당신의 마음 역시
다른 문장을 쓸 때보단 조금 더 힘이 들어갔겠지요.

또다시 새로운 한 해의 출발선입니다.
일단 첫 문장이 나오면
끝까지 쭉 밀고 나간다는 폴 오스터의 말처럼
올 한 해 당신의 이야기도 잘 풀려나가기를 바랍니다.
'꽃이'든 '꽃은'이든
우리에게 중요한 건 피우는 일이 아닐까요.

패딱지를
맹글더라도

훙택이네 스여물 삶는 방에
듬은 딱지 재료가 될 만한 책들이
가득 쌓여 있었습니다.

"저그 크고 뚜꺼운 책들은 뭔가? 패딱지 맹글먼 좋것는디?"
사촌동생이 묻자 '용택이 성'은 단호하게 말합니다.
"절대 찢으면 안 된다. 성이 젤로 애끼는 거싱게!"

시인 김용택의 청년 시절 일화인데요.
시인은 40년 가까이 교단을 지킨 선생님이기도 했죠.
그런데 처음부터 좋은 선생님이었던 건 아니라고 합니다.
어찌어찌 등 떠밀리다시피 선생님이 된 초기엔
교사로서의 신념도, 아이들에 대한 관심도 별로 없었는데요.

그런 그를 변화시킨 건, 바로 책이었다고 합니다.
월부 책 장수한테 책을 사 읽으면서 세상을 알고, 나를 알고,
그동안 보지 못했던 사람들의 삶과 역사를
비로소 보게 됐다고 하네요.

시인 고은에게 책은 자궁이라고 합니다.
책을 통해서 새로 태어난다는 뜻이겠지요.

하지만 평범한 생활인인 우리에겐
그런 거창한 의미일 필요가 없을 겁니다.
읽는다는 건
그 자체로 순수한 즐거움이 되는 게 마땅합니다.

그저 바람 쐬고 오듯이
잠깐 어디 갔다 오는 일 같은 것.
그리고 책은, 패딱지를 맹글더라도
멀리보단 가까이 하는 게 더 낫죠.

내 삶에 개입한
밑줄들

좋아하는 사람한테 책을 빌린 경험이 있으신가요.
그가 그어놓은 밑줄을 만나서 가슴 뛴 기억 말이에요.

그게 내가 좋아하는 구절일 때,
밑줄은 그와 나 사이에 흐르는 영혼의 전류처럼 느껴집니다.
물결 같은 밑줄을 타고 그의 기슭에라도 가닿을 것 같습니다.
그것도 연애를 시작할 때 잠깐이지만요.

헌책에 그어진 밑줄 때문에
시간과 공간의 경계가 일순간 사라지기도 하죠.
내가 공감하는 부분과 같은 데 밑줄이 그어져 있을 때
책의 전 주인이 누군지 몰라도
밑줄은 미지의 그와 나를 연결하는 희미한 선이 됩니다.

별 생각 없이 책장에 꽂혀 있는 책들을 들춰볼 때도 있어요.
책을 뒤적이다 보면 10대, 20대의 나를 만납니다.
'나는 어떤 마음으로 여기다 줄을 친 걸까.'
그때 그 마음이 지금은 남의 일처럼 느껴질 때도 있죠.

하지만 밑줄 위의 그 문장들은 몰래몰래 내 삶에 개입해서
지금의 나를 만들었을 겁니다.

이렇게 말해보고도 싶습니다.
어떤 문장이 특별해서 밑줄을 긋기도 하겠지만
내가 밑줄 그었기 때문에 그 문장이 비로소 특별해진다고요.
오늘 어떤 문장에 밑줄을 그으셨는지요.

오늘
내가 지은 것은

삶에서 가장 기본적이고 필수적인 것들은
우연히도 모두 '짓다'라는 동사를 취합니다.
밥을 짓고, 집을 짓고, 옷을 짓고…….

사람이 세상에 나면 이름부터 짓지요.
그 이름을 부르며 짝을 짓고,
또 무리를 지어 살아갑니다.

작심(作心). 마음도 짓는 것이고요.
그 마음이 지어낸 일을 끝내는 걸 매듭짓는다고 표현하죠.
그러고 보면 삶이란 매일매일 뭔가를 짓는 일의 연속입니다.

불가(佛家)에서는 업을 짓는다고 하죠.
인간은 또한 죄를 짓습니다.
죄를 짓기 때문에, 그러나 삶은 아름답습니다.

새들의 고단한 날갯짓,
잊지 못할 누군가의 눈짓이나

서로에게 무엇인가가 되고 싶은 몸짓들.
코르긴 해도 이 또한 '짓다'란 말에서 나왔을 것 같습니다.

작가들은 짓는 사람이기 때문에 작가입니다.
그들이 지은 이야기 때문에
우리는 웃을 짓거나 때로 눈물짓겠죠.
오늘 내가 지은 것이 누군가를 미소 짓게 하는 거라면
좋겠습니다

손·글·씨

'육필(肉筆)'이란 말에선,
정말 '살'의 냄새가 나는 것 같습니다.
종이의 피부, 만년필의 피, 그리고 사람의 뼈와 근육.
육필은 몸과 몸이 만나는 일입니다.

글씨를 쓰고 있는 손을 볼 때의 각별한 느낌이란 게 있습니다.
구부린 손가락들의 애씀과 힘씀.
그런 게 애틋하고 간절하게 느껴지기 때문입니다.

펜을 꼭 쥐고 있는 손의 모습은
스타트라인에 선 달리기 선수의 웅크린 몸처럼도 보입니다.
작가들의 육필 원고가 특별하게 느껴지는 것도 그런 이유겠죠.

손으로 글을 쓰는 것은 또한
머릿속에 떠오른 문장이 내 몸에서 흘러나와
나를 떠나가는 걸 바라보는 일이기도 합니다.
순간 속에서

태어남과 헤어짐을, 떠나옴과 떠나감을 경험하는 일이죠.

 손글씨.
'손'과 '글'고 '씨'가 합쳐진 말일까요.
멀찍이 떨어져서 보면 글자들은 정말
까만 씨앗처럼 보이기도 합니다.
그렇다면 손글씨를 쓰는 건
손으로 직접 생각의 씨를 파종하는 일이겠죠.
가끔은, 그렇게 심은 것들을
누군가에게 건네기도 하시는지 모르겠네요.

독서,
흘러 닿다

4부

지문들이 이루는
무늬

"편집 보조, 교정 담당자, 교열 담당자, 홍보 담당자,
인쇄업 종사자, 트럭 기사, 서점 직원······.
책을 만들어 독자의 손에 전하는
이름이 드러나지 않는 모든 사람에게 이 책을 바칩니다."

미국의 칼럼니스트 바버라 에런라이크가
『오! 당신들의 나라』 서문에 붙인 말입니다.

"강신주 지음, 김서연 만듦"

저자와 편집자의 이름이 똑같은 무게로 나란히 실려 있습니다.
철학자 강신주가 『김수영을 위하여』란 책을 내면서
출판사에 부탁한 일이라고 하는데요.
국내에선 처음이라고 합니다.

책을 읽을 때 우린
보통 그 책의 저자만을 생각하지요.
하지만 에런라이크의 헌사처럼,

지금 내가 들고 있는 이 한 권의 책에는
이렇게 많은 사람들의 지문이 묻어 있습니다.

그 지문들이 모여서 이뤄내는 고유한 무늬,
그것을 책문(冊紋)이라고 부르면 어떨까요.

한 권의 책을 읽는다는 건
그 무늬를 내 안에 새겨넣는 일인지도 모르겠습니다.

한 권의 책을 읽는다는 건
그 무늬를 내 안에 새겨넣는 일인지도 모르겠습니다

어쩌면 오늘
우리는 편지를

긴 외출 후에 돌아와 우편함을 열 땐
조금 들뜬 기분이 듭니다.
숫자들만 가득한 공과금 고지서 속에
어쩌면 다른 게 들어 있을지도 모른다는 기대감 때문이죠.
우표가 붙은 엽서, 누군가의 지문이 묻은 손 편지.
그런 것들 말이지요.

마음의 근황을 물어오는 뜻밖의 편지를 기다리는 일.
삶이란 그런 게 아닐까요.
그렇게 혹시나, 어쩌면, 하는 기대를 품고
스팸 메일이나 납세고지서 같은 하루하루를
견디는 것인지 모릅니다.

"매일 너에게 글을 쓰지 않을 수 없어. 너도 그렇게 해다오.
[……] 내게 편지해. 내게 편지해."
1945년, 영화감독 프랑수아 트뤼포가
친구 로베르 라슈네에게 쓴 편지입니다.

당신에게도 긴 편지를 쓰던 밤들이 있었겠지요.
오지 않을 편지를 기다리며 서성이던 시간이 있었겠지요.
요즘도
혹시
가끔은
그러는지요

책을 쓰는 것도 실은 그런 행위입니다.
수신인을 알 수 없는 편지를 쓰건서,
낯선 이의 안부를 물어주는 일.
그리고 독서라는 건 그 편지를 읽는 일일 테고요.
어쩌면
우린
오늘
같은 편지를 읽게 되겠군요.

말이라는
세계

'사람'이라는 말이 둥글어지면
'사랑'이 되지요.

'사람'과 '사랑', 이 두 단어의 뿌리는 하나라고 하죠.
'삶' 그리고
'살림'이라는 말도 그럴 겁니다.
영어의 'live'와 'love'도 닮았지요.

'꽃'이라는 글은 그 형태 자체로 한 다발의 꽃입니다.
초성, 중성, 종성이 풍성하게 어울린 한 다발.
꽃이 꽃이기 위해선 그 한 음절로 충분했던 것이겠지요.

어떤 단어는 까리처럼 종일 굴려보고
또 어떤 단어는 솜사탕처럼 뜯어 먹어봅니다.
책 속에서 만난 단어 하나가
마음에서 며칠을 돌아다닌 적,
있으시지요.

영어에서 '말'을 뜻하는 'word'와
'세계'를 뜻하는 'world'.
두 단어는 알파벳 하나 차이죠.
'언어'는 '세계'를 반영하는 거울,
혹은 '세계'를 담고 있는 그릇입니다.

그러니 책을 읽는다는 건,
말을 새로 배우는 일이자
세계를 다르게 인식하는 일 아닐까요.

독서,
몸을 섞는 일

책들이 등을 보이고 서 있습니다.
그 등에 세로로 길게 새겨진 제목은 책의 척추입니다.
혈을 짚듯 천천히 그리고 깊게, 그 뼈를 만져봅니다.

맨 겉장에 붙어서 안으로 접혀 들어간 부분을
앞날개와 뒷날개라고 부르죠.
책이 날개를 가졌다는 건 그 자체로 은유입니다.
책을 읽는다는 건
어딘가 다른 곳으로 날아가보는 일이 되기 때문입니다.

책은 또한, 얼굴을 가졌습니다.
표지는 첫인상처럼 그만의 표정을 보여주지요.
어떤 책은 다정하고 어떤 책은 차갑고
또 어떤 책은 서글서글합니다.

표지와 본문을 이어주는 빈 페이지는
'면지(面紙)'라고 부른다죠.
그곳에 우리는 무언가를 적어넣곤 하는데요.

면지는 나의 이야기를 경청하겠다는 책의 여백,
책의 침묵입니다.

책에도 얼굴과 머리, 등과 배, 엉덩이와 날개가 있습니다.
책도 하나의 몸인 셈이죠.
그러니 책을 읽는 일을 책과 몸을 섞는 일이라 하면 어떨까요.

깊고 오래고 내밀한
기억의 방식

'오월은 금방 찬물로 세수를 한 스물한 살 청신한 얼굴이다."
수필가 피천득의 「오월」 첫 문장이지요.

"만약에 죽은 뒤 다시 환생을 할 수 있다면 건강한 남자로 태어나고 싶다. 태어나서 스물다섯 살 때 스물두 살이나 스물세 살쯤 되는 아가씨와 연애를 하고 싶다 벌벌 떨지 않고 잘할 것이다."
이런 발랄한 유언장을 남긴 분은
『몽실 언니』의 작가 권정생이고요.

우리 문학계엔 유난히 5월에 떠난 작가들이 많습니다.
수필가 피천득과 장영희, 동화 작가 권정생,
소설가 박경리가 그렇죠.
이런 이름도 있습니다.
군브독재에 맞섰던 광주의 시민들.

인디언 부족 아라파호는

5월을 '오래전에 죽은 자를 생각하는 달'이라
부른다고 하지요.
우리도 그렇습니다.
기억해야 할 이름이 많은 달이 바로 5월인데요.
가장 깊고 오래고 내밀한 기억의 방식.
그것은 읽는 행위가 아닐까요.

소음의 세계에서
소리의 세계로

'소나무에 바람 지나가는 소리,
시냇물 흘러가는 소리,
바둑돌 놓는 소리,
창밖에 눈이 스치는 소리……."

송나라 학자 예사가 꼽았던
'세상에서 듣기 좋은 소리들'인데요.
또 어떤 것들이 있을까요.

인기척처럼 측은측은 내리는 새벽의 빗소리.
7월의 포플러 잎들이 바람에 반짝이는 소리.
겨울 아침 눈 밟는 소리.
그리고 뜻 없어 아름다운 허밍 소리 같은 것.

당신 또한 이렇게 조근조근한 소리를
편애하는 사람이라면 좋겠습니다.
그렇다면 이런 소리들도 좋아하실 테니까요.

고요한 방 안의 책장 넘어가는 소리,
연필이 종이 위를 천천히 걷는 소리,
그리고 누군가 나직나직 책 읽어주는 소리.

지금이
소음의 세계에서
소리의 세계로
망명하는 시간이길 바랍니다.

필사,
몸으로 읽는 일

시인 안도현에겐
"손가락 끝으로 고추장을 찍어 먹어보는 맛"이라고 합니다.

필사(筆寫).
베껴 쓰는 걸 말하죠.
작가 지망생들에게 필사는 문학 수업 방법 중 하나입니다.

종교인들에게 사경(寫經),
그러니까 경전을 베껴 적는 일은 간절한 기도입니다.
우리 같은 평범한 독자들에게 필사는 무엇일 수 있을까요.

손으로 직접 한 글자 한 글자 베껴 적으면
눈으로 읽을 땐 스쳐 지나갔던 것들,
쉼표 하나, 조사 하나까지 새롭게 보입니다.
그 글을 쓸 때의 작가의 마음까지 헤아릴 수 있게 되죠.

그러니 작가의 몸이 되어보는 일이기도 합니다.

그런 점에서 필사는
가장 적극적인 형태의 독서라고도 할 수 있을 것 같은데요.

몸으로 익힌 건 쉽게 지워지지가 않죠.
필사는 손으로 글자를 만져보는 일입니다.
몸으로 책을 읽는 일입니다.
내 손을 거쳐 내 속으로 들어와서
글자들은 내 피 속을 떠다니다
나를 이루는 성분이 됩니다.

고요한 한밤중에 깨끗한 노트를 펴고
좋아하는 문장을 베껴 써보고 싶은, 그런 계절입니다.

책 속으로의
잠투

어떤 책은 눅눅하고 어떤 것은 바삭바삭합니다.

어떤 책에는 빗소리가 자욱하고
다른 책에는 소금기가 간간합니다.
그 소금기는 때로 눈물의 간기이기도 하고
바다를 건너온 바람의 염도이기도 하고
또 노동하는 이마의 땀일 때도 있습니다.

이국의 어느 저녁이었다면
그 갈피엔 저녁의 푸른 색채와 그릇이 부딪치는 소리와
이방인의 외로움이 묻어 있습니다.

이 책에서는 기분 좋게 빠른 심박동 소리가 들리는군요.
설레는 마음으로 쓴 첫 책일 때가 그렇습니다.
다른 책에서는 구르는 웃음소리,
자판 위를 달려가는 소리가 들립니다.
신이 나서 내달린 글일 때가 많습니다.

책은 정직해서
어디서 썼는지, 어떤 상태와 마음으로 썼는지
이런 것들도 책의 습도와 온도와 냄새로 배어듭니다.
책을 열면 그것들이 새어 나와
다시 당신의 기후에 영향을 미칩니다.

책을 읽는다는 건
그 작은 입자들에까지도 스미는 삼투(滲透)의 과정일 겁니다.

공감의
지대

식구라는 말은 먹을 '식(食)'자에 입 '구(口)'자를 씁니다.
같이 밥을 먹는 게 식구이고 가족이라는 거죠.

책이 마음의 양식이라면,
같은 책을 읽는 것으로도
느슨한 의미의 가족이 될 수 있지 않을까요.

우리 모두는 저마다 다른 곳에서
서로 다른 일을 하면서
각자 다른 시간을 삽니다.
하지만 같은 책을 읽는 순간,
같은 이야기를 듣는 순간,
그 각자를 연결하는 보이지 않는 선이 생기는 건 아닐까요.

그렇다면 그걸 '마음의 등고선'이라고 불러도
괜찮지 않을까요.

물리적인 장소를 초월한 공감의 지대.

혹은 비슷한 감정을 발신(發信)하는 점들을 연결했을 때 그려지는 가상의 지도.
'공감대'란 그런 것일 수 있지 않을까요.

오독오독 토독토독,
꽃 피는 오독

기당을 찾아온 동리가
간밤에 지었다는 시를 한 수 낭송합니다.
'벙어리도 꽃이 피면 우는 것을.'

기당이 무릎을 치며 그 구절을 세 번이나 되뇝니다.
"벙어리도 꽃이 피면 우는 것을……이라! 내 자네를 시인으로 인정하겠네."
듣고 있던 동리가 손을 저으며 반박합니다.
"'꽃이 피면'이 아니라 '고집허면'이었다고 말입니다.

시인 서정주와 소설가 김동리 사이의 일화죠.
'벙어리도 고집허면 운다'고 읊은 소설가,
'벙어리도 꽃이 피면 운다'고 듣고 탄복한 시인.
꽃은 그 접점에 피었습니다.

문자메시지만 해도 그렇죠.
생각지 못한 오타 또는 오독 때문에
일상이 갑자기 경쾌해지기도 합니다.

오역 때문에 오히려
생각지 못한 의미를 거느리게 되는 문장도 있습니다.

사람은 자기가 보고 싶은 걸 보고,
듣고 싶은 대로 듣는다고 하는데요.
그렇다면 타인에 대한 이해라는 게 가능할까요.

어차피 얼마간은 오해이거나 오독일 수밖에 없는 거라면
미당의 경우처럼 창조적 오독이면 좋겠습니다.
물론 그때에도 여전히 중요한 건,
삶의 문맥을 읽으려는 노력일 테고요.

축하합니다
오늘

북극 아래 첫 땅, 툰드라의 네네츠 사람들에겐
기념일이 따로 없습니다.

그들은 말합니다.
"우리에게 축제일은 날씨가 좋거나 새가 울 때예요.
매일매일이 특별하다고 봐야죠."

인디언들은 매년 돌아오는 생일을
축하하진 않는다고 합니다.
그보단 조금씩 나아지는 걸 축하합니다.
'용기 내서 새 일을 시작한 걸 축하해요.'
'어제보다 팔굽혀펴기를 더 하게 된 걸 축하해.'

우린 늘 뭔가 특별한 일이 일어나주길 바라지요.
그래서 무슨무슨 데이(day)가 많은지도 모르겠습니다.
하지만 그런 기념일이 없어도
매일매일을 축제로 만들 줄 아는
툰드라 유목민과 인디언들을 보면

축하하고 감사할 일, 생각보다 많은 것 같아요.

봄이 된 걸 축하합니다.
마음에 드는 커피 가게를 알아낸 걸 축하합니다.
밑줄 긋고 싶은 문장을 만난 걸 축하합니다.

그리고 오늘, 당신에게 인사를 건네고
이런 이야기를 나눌 수 있게 된 것에 감사합니다.

홀로 고요히
서늘함

"구름은 하늘 멀리 걸려 있고
나뭇가지에 바람 한 점 없는 날
누가 이 찜통더위를 벗어날 수 있을까
조용히 앉아서 책 읽는 게 제일이구나."

조선 숙종 대 학자 윤증이 쓴 「더위」란 시입니다.
에어컨도, 선풍기도, 빙수도 없던 그 시절.
옛사람들의 가장 좋은 피서법은 뭐니뭐니 해도 '피서(避書)'.
책 속으로 피하는 것이었습니다.

우복(愚伏) 종경세란 사람은 한술 더 뜬 모양입니다.
날이 더우면 문을 걸어 잠그고
방 안에 틀어박혔다고 하니까요.
'더위 먹은 거 아니야?'
사람들이 비웃었겠죠.
그는 이렇게 반문합니다.
"서늘함은 조용한 가운데서 온다는 사실을 사람들이 알까."

초복, 중복 지나 8월.
본격적인 휴가철이기도 하죠.
굳이 산이나 바다로 떠나야 피서인가요.
서늘함은 홀로 고요한 가운데서 옵니다.
홀로, 고요히, 서늘하시기를.

이기려고, 가 아니라
읽으려고

올해도 어김없이 그들이 왔습니다.
초겨울 저녁 하늘을 덮는 그들의 황홀한 군무가
한순간 딴 세상을 보여줍니다.
그들도 그곳, 신들의 땅을 넘어왔을까요.

히말라야 산맥을 넘는 쇠재두루미 떼를 본 적이 있습니다.
다큐멘터리 영화 「지구」에서였는데요.
겨울이 다가오면 그들은 따뜻한 남쪽 나라로 가기 위해
지구에서 가장 높은 산맥인 히말라야를 넘어야 합니다.
게다가 그 산맥엔
이 세상에서 가장 춥고 날카로운 바람이 살고 있죠.

하지만 새들은 어떻게 알고 있었을까요.
바람을 이기려고 할 게 아니라 읽어야
산을 넘을 수 있다는 걸요.

어느 순간 날갯짓을 멈추고 바람에 몸을 맡긴 두루미들.
그 바람이 가장 높이 자신들을 떠워 올린 순간

필사적으로 날개를 퍼덕입니다.
그리고 마침내 그들은 가장 높은 봉우리를 넘습니다.

새들이 산맥을 넘기 위해
잠시 날갯짓을 멈추고 바람을 타는 것처럼
사람의 일도 그래야 하지 않을까요.
인생의 봉우리를 넘는 것 말이지요.

난독증의
시대에

사람에 대해서도 그렇습니다.
우리는 표정도 '읽는다'고 하고, 눈빛도 '읽는다'고 하지요.
'생각을 읽는다', '마음을 읽는다'
역시 마찬가지 말이죠.

언제부터였을까요.
'읽는다'라는 말이 참 많이 쓰이기 시작했죠.
책 읽어주는 남자, 그림 읽어주는 여자,
영화 읽어주는······.
읽어주는 사람들이 인기잖아요.

책이나 그림, 영화 같은 작품뿐만이 아니죠.
광고 카피나 책 제목에도 자주 등장하는 말이 됐습니다.
'길을 읽는다', '청춘을 읽는다', '미래를 읽는다'.

읽는다는 건 그만큼 중요한 행위가 된 것 같습니다.
그 말을 뒤집으면 '난독증'의 시대,
소통이 어려운 시대를 우리가 살고 있다는 얘기는 아닐까요.

그리고 우리는 모두
누군가에게 세심하게 읽히기를 기다리는
한 권의 책입니다.

견딤의 서사

폴 오스터의 장편소설 『어둠 속의 남자』엔
은퇴한 도서비평가가 나옵니다.
아내를 잃고 교통사고까지 당한 충격 때문에
그는 지독한 불면에 시달리는데요.
고통을 잊기 위해서 그가 한 일은
매일 밤 이야기를 만들어
자기 자신에게 들려주는 것이었습니다.

밤마다 재미있는 이야기를 들려주면서
죽음을 미룬 아랍 여인의 설화.
『천일야화』는 이야기가 가진 힘을
가장 잘 보여주는 고전이지요.

누군가에게 이야기는 '마음의 고통'을 잊게 해주고
누군가에겐 이야기가 '죽음의 고비'를 넘게 해줍니다.

이야기는 꽤 자주,
고통과 고독의 시간을 견디는 방식이 되곤 하는데요.

그 '견딤의 서사'를 끝낼 때
우리 자신은 하나의 이야기가 됩니다.

느림에
참여하는 일

"왜 사람들은 한 번도 느림의 신을 생각해내지 않았을까?"
오스트리아 작가 페터 한트케가 던진 의문입니다.

나무늘보에 대해 읽은 적이 있습니다.
시속 900미터.
나무늘보의 속도입니다.
그나마도 특기를 발휘할 때, 그러니까 거꾸로 매달려
이 가지에서 저 가지로 이동할 때의 속도고요.
땅에서는 최고 시속 250미터.
급한 일이 없을 땐
한 시간에 4~5미터 정도만 움직인다고 합니다.
이 '느려 터진' 동물이 정글에서 어떻게 살아남을까요.

나무늘보의 털에는 건기엔 갈색 식물이,
우기에는 초록색 식물이 서식하는데요.
얼마나 느리면 식물이 그곳을 터로 삼을까요.
하지만 그 덕에 나무늘보는 나무의 일부로 보입니다.
느리기 때문에 포식자 눈에 띄지 않고 살아남는 것이지요.

느림을 주재하는 신이 없기에
속도만능주의에 대해 우리가 할 수 있는 어쩌면 유일한 저항,
나무늘보 전략인지도 모르겠습니다.

한 장 한 장 종이를 넘기면서
한 자 한 자 글자들에 눈 맞추고,
또 가끔씩 어떤 문장들에 오래 머물렀다면
그것 또한 느림에 참여하는 일일 겁니다.

한 장 한 장 종이를 넘기면서

한 자 한 자 글자들에 눈 맞추고,

또 가끔씩 어떤 문장들에 오래 머물렀다면

그것 또한 느림에 참여하는 일일 겁니다

취한 말들의
시간

책의 한쪽 면, 그러니까 '페이지'의 라틴어 어원은
'파기나(pagina)'라고 하는데요.
파기나는 포도나무가 늘어서 있는
줄을 의미한다고 합니다.

'읽는다'란 뜻의 라틴어 '레게레(legere)'엔
'거두어들인다, 모으다'는 뜻도 있다고 하죠.
책을 읽는 건
결실을 수확하는 것과도 같다는 의미일 겁니다.

이국의 포도원 오크통에서 지금쯤
포도알들이 잠들어 알코올로 발효되고 있겠죠.
와인을 마신 몸이 취하는 것처럼
좋은 작품을 읽고 느끼는 감동을
그런 취기에 빗댈 수도 있지 않을까요.

잘 숙성된 술에서 좋은 향기가 나는 것처럼

잘 쓰인 글에도 그런 향기가 있지요.
책이 가지고 있는 기운, 혹은 글자가 내뿜는 기운을
'서기(書氣)'라고 하는데요.
책을 읽을 때 느껴지는 기분 좋은 취기엔
얼마간 중독성이 있기도 합니다.
그런 중독이라면 얼마든지 빠져도 좋겠습니다.

천상병 시인은 이렇게 말했었죠.
"몽롱하다는 것은 장엄한 것이다."
그 말들에 츼해 장엄해지는 순간을
자주 경험하시기 바랍니다.

독에
이른다는 것

처서(處暑)가 지나면 풀도 울며 돌아간다고 하지요.
돌아갈 때를 안다는 듯,
텃밭 고추들은 태양을 최대한 빨아들입니다.
최선을 다해 매워지고 독해져서는
마침내 자신의 빨강을 완성하지요.

뱀의 독이 가장 치명적인 시기는
'메밀꽃 필 무렵'이라고 합니다.
찬 기운을 감지한 독사나 말벌 같은 독충들은
겨울을 건너기 위해, 혹은 짧은 생의 마지막 소명을 위해
스스로 독해집니다.

다른 뭔가가 아닌, 독으로 찬바람에 맞서는 존재들이 있지요.
다른 어떤 게 아닌, 독해지는 게 삶의 방편인
시간들도 있습니다.

지독(至毒)하다는 것.
그건 글자 그대로 '독에 이르는 일'일 텐데요.

지독하게 뭔가를 해본 뒤라야
비로소 해득하게 되는 일들은 또 얼마나 많은지요.

누군가를 상하게 하기 위한 게 아니라
스스로를 강하게 하기 위해서,
그리고 그 힘으로 이 부조리한 세상을 해독해보기 위해서
오늘은 독하다, 의 '독(毒)'을
읽을 '독(讀)'으로 바꿔봅니다.

삶,
빚고 짓다

5부

당신의
시선 때문에

"나는 눈이 아프도록 세상을 들여다보았다."

이것은 소설가 김훈이 『내 젊은 날의 숲』에 쓴 서문입니다.
이것은 비유일 테지만, 그저 비유만은 아닐 겁니다.
세밀 화가라는 주인공의 직업 자체가
깊이, 오래 들여다보는 것이니까요.

그렇게 눈이 아프도록 들여다보면
그때 거기서 겨우 몇 줄이 돋아났다고 합니다.
게다가 그 몇 줄조차
미수에 그친 문장들이라고 작가는 말합니다.

시인 프랜시스 퐁주.
그는 매일 한 잔의 물을 탁자 위에 올려놓고
6개월 동안 관찰을 합니다.
그런 집요함과 치열함으로
간신히 「물에 대하여」라는 한 편의 시를
쓸 수 있었다고 하지요.

"모네가 가진 것은 눈밖에 없다.
그러나 얼마나 위대한 눈인가."

이 것은 세잔의 말인데요.
오로지 수련만을 보고 그것만 그린 모네의 말년을
우리 또한 알고 있습니다.
그는 백내장으로 눈이 흐려진 뒤에도
그렇게 매일 수련을 응시했습니다.

어느 날 갑자기 이루어지는 게 세상에 있을까요.
10월엔
어느 날 문득 물들어 있는 나뭇잎을 발견하기보다는,
나무 한 그루가 어떻게 초록에서 붉음으로 건너가는지
매일매일 지켜보면 좋겠습니다.
그 잎이 어느 날 붉어져 있다면
그건 그렇게 바라본 당신의 시선 때문일 겁니다.

나무 한 그루가 어떻게 초록에서 붉음으로 건너가는지
매일매일 지켜보면 좋겠습니다

그 잎이 어느 날 붉어져 있다면
그건 그렇게 바라본 당신의 시선 때문일 겁니다

물음 하나를
쥐고서

'나는 너에게 무엇이었을까?'
이런 물음 하나를 쥐고 내내 앓는 사람들이 있습니다.

'무엇인가? 이 무엇인가?'
승려들은 평생 이 질문 하나를 지고 갑니다.

'그 친구들은 왜 나를 그룹에서 추방했을까?'
소설가 무라카미 하루키의 장편소설
『색채가 없는 다자키 쓰쿠루와 그가 순례를 떠난 해』 속
다자키 쓰쿠루가 순례를 떠나게 된 이유는
이런 의문 때문이었죠.

우리를 흔들거나 움직이게 하는 건 질문들입니다.

말을 하기 시작한 아이들은 끊임없이
왜냐고, 뭐냐고 묻습니다.
우리가 어릴 적 던졌던 그 질문의 답들을
우리는 살면서 모두 얻게 될까요.

어쩌면 삶이란 우리가 했던 질문들의 답을
스스로 구해가는 여정,
뜨는 그 질문들을 감당해가는 과정은 아닐까요.

우연하게도 물음표는 낚싯바늘처럼 생겼지요.
우리는 인생 혹은 세상이라는 망망대해에
그 물음표를 던집니다.
그것이 꼭 마침표나 느낌표로 돌아오는 건 아닙니다.
오히려 물음표로 시작해서 끝내 물음표로 끝나는 것.
그런 게 삶이 아닐까요.

봄은

봄은
낮은 곳으로부터 옵니다.

담장 아래 나무 아래 키 작은 풀들과
그 풀들이 밀어 올린 작은 꽃대에 옵니다.

봄은
가장자리에서 옵니다.

물가에 피는 버들강아지나
밭가에 나는 뽀얀 쑥이나
창가에 놓인 화분의 여린 잎, 그리고
길가에 몰린 낙엽의 틈새.
우리 삶의 모든 변경에서 먼저 옵니다.

봄은
어린 짐승들의 맑은 눈으로 옵니다.

얇은 눈꺼풀에 닿는 따스한 빛 때문에
새들의 목소리엔 연두나 노랑, 밝은색이 더 섞이고요.
햇살이 앉아 무거워진 고양이의 눈꺼풀 위로도,
봄은 오지요.

무엇보다 봄은
당신의 눈길로 옵니다.

눈 밝은 사틈의 어떤 시선 때문에
평범한 피사체는 특별해지지요.
오래 바라본 응시의 자리에서 봄은 깨어나고요.
그래서 꽃은,
마음을 두고 자주 보내는 눈길 끝에서 핀다는 것.
다시 믿어보기로 합니다. 이 봄에도.

리듬,
당신의 내재율

28일을 주기로 차고 기우는 달,
철마다 바뀌는 별자리는 우주의 리듬입니다.
계절과 절기를 놓치지 않고 찾아오는 꽃들은
대지의 리듬인 셈이죠.

음악이야 말할 것도 없고요.
시든 산문이든 좋은 예술 작품엔 고유의 리듬이 있습니다.
그 리듬감은
정해진 운율에 따라 글자 수를 맞춘다고 생기는 게 아니죠.
내적인 요소들이 조화를 이룰 때 절로 얻어지는 것입니다.

우리 몸도 그렇습니다.
리듬이 깨지면 건강을 잃게 되죠.
생명은 리듬입니다.

놀랄 만큼 복잡한 아프리카 원주민 음악의
비밀은 오히려 단순하다고 합니다.
4개에서 12개의 악기가 동원돼

저마다 다른 리듬을 연주하는 건데요.
각자 정해진 박자에서 연주하고 정해진 박자에서 쉬면서
그 다른 리듬들이 한꺼번에 어울려
오묘하고 복잡한 음악을 만드는 것이죠.

모든 존재는 때에 맞춰서
자기 파트를 연주하는 악기들입니다.
우리 자신도 하나의 문체이자
운율이라고 할 수 있을 텐데요.
다 지라는 정형율과 인간이라는 내재율이 어울린 여기.
우주에서 보면
거대한 교향곡이나 서사시처럼 보이지 않을까요.
거기에 작은 리듬 하나를 보탭니다.

모든 존재는 때에 맞춰서
자기 파트를 연주하는 악기들입니다

대지라는 정형율과 인간이라는 내재율이 어울린 여기.
우주에서 보면
거대한 교향곡이나 서사시처럼 보이지 않을까요
거기에 작은 리듬 하나를 보탭니다

한데서 겨울을
건너온 것들은

복수초를 아시는지요.
복수, 보복이나 앙갚음이 먼저 떠오르지만
'복과 장수를 가져다주는 꽃'이란 뜻입니다.

눈을 삭이면서 핀다고 '눈색이꽃'이라고도 하고,
얼음 사이에서 핀다고 '얼음새꽃'이라고도 불리는데요.
결빙을 뚫는 식물의 체온이라니요!
눈을 녹이는 꽃의 입김이라니요!
그 뜨거움으로 복수초는 이 땅에 가장 먼저 봄을 알립니다.

온통 무채색인 겨울 들판에
초록 포인트를 주는 겨울 보리.
언 땅에서도 푸른 잎을 키우는 그 힘으로
보리는 사람들의 배고픈 봄을 건너게 해줬나 봅니다.

사시사철 늘 먹을 수 있는 건데도
꽃샘 무렵 먹는 시금치는 더 달게 느껴집니다.
시금치뿐인가요.

다삭한 봄등, 상큼한 달래와 냉이, 쌉싸래한 쑥…….
한데서 겨울을 건너온 것들일수록 살이 달지요.
겨울 들판에서 눈과 바람을 겪어낸 까닭일 겁니다.

이맘때 숭어가 가장 찰지고 고소한 것도
겨우내 찬 바다에서 육질이 쫄깃하게 단련됐기 때문이겠죠.

봄 햇살이 더 달착지근하게 감긴다면
지난겨울이 유난히 추웠던 까닭.
그리고 '꽃샘'이라는 문턱이 있기 때문입니다.

Why
not

1907년 여름,
한 스페인 화가의 그림 한 점이 세상에 나옵니다.
화가 앙리 마티스는 이건 사기라며 노골적으로 비난했고요.
레오 스타인이라는 유명한 화상도
완전 4차원이라고 빈정거렸죠.
하지만 차원이 다른 그 그림은
20세기 현대미술의 서문을 연 작품이 됐습니다.

파블로 피카소가 500년 전통의 원근법을 무시하고
'아비뇽의 처녀들'을 그렸을 때,
마르셀 뒤샹이 전시장에 변기를 갖다 놓고
'샘'이란 제목을 붙였을 때,
존 케이지가 '4분 33초' 동안 아무것도 연주하지 않았을 때,
앤디 워홀이 '캠벨 수프 깡통'을 늘어놓았을 때……

예술이 통념을 깨고 한 단계 도약한 역사적 순간들이었죠.
삶이라고 크게 다를까요.

자의든 타의든, 많게든 적게든
우리는 편견에 사로잡혀 있습니다.
'내가 그런 걸 어떻게 해?'
자기 자신에게 씌운 편견의 굴레죠.
'그건 당신 스타일이 아니잖아!'
타인이 내게 씌운 틀입니다.

선택에 조금 더 과감해져도 괜찮지 않을까요.
삶의 새로운 차원도 고정관념을 깰 때 열립니다.
그리고 그건 의외로
작은 변화에서 시작될 수 있습니다.
노랑머리, 피어싱, 문신, 망사스타킹…….
그게 왜요.

매일 스무 줄의
양파를 파는 일

멕시코 어떤 시장 구석에
프타 라모라는 늙은 인디언 양파 장수가 있었습니다.
그는 매일 양파 스무 줄을 매달아놓고 팔고 있었는데요.
어느 날 백인 한 명이 와서 그 양파를 모두 사겠다고 하죠.
그런데 그는 거절해버립니다.

"나는 햇빛과 바람에 흔들리는 종려나무를 사랑합니다.
나는 친구들과 인사 나누며 담배를 태우는 걸 좋아합니다.
이런 것들이 내 삶입니다.
내가 양파를 한 손님에게 다 팔아버린다면,
나는 내가 사랑하는 것들을 다 잃게 되지요."

그는 돈이 아니라 '자신의 삶을 살기 위해' 양파를 팝니다.
매일 그 자리 매일 스무 줄,
매일 같은 사람들을 반복하면서요.
하지만 오늘의 바람과 햇빛은 어제와는 다를 겁니다.
친구들은 늙거나 병들어 떠나기도 하겠지요.

사랑하는 것들을 지금 이 순간 보고 느끼기 위해
양파를 파는 사람.
양파를 팔기 위해,
사랑하는 존재들에게 잠깐만, 이라고 말하는 사람.
어느 쪽이신가요.

미국의 박물학자이자 소설가 어니스트 시턴이 쓴
『인디언의 복음』에 나오는 내용입니다.
행복에 대한 우화로 읽을 수 있는 얘기인데요.
행복만큼 너무 우려먹은 나머지
아무 맛도 느껴지지 않는 단어도 없을 겁니다.
그런데 사실은 행복 추구를 그만두는 순간
비로소 행복은 자신의 곁을 우리에게 내주는 게 아닐까요.
그저 매일 스무 줄의 양파를 파는 일처럼요.

아름다움
-사람다움

수필가 피천득은
팔순이 넘어서도 미술관을 자주 드나들었다고 합니다.
눈이 침침했을 텐데도
전시회 일정이 빼곡히 적힌 메모지를 들고
미술관을 찾아다녔다고 하는데요.
아름다움에 취하고 거기서 새로운 영감을 얻는
백발노인의 모습.
그 자체로도 한 점 그림 같습니다.

소설가 함정임은 『하찮음에 관하여』란 산문집에서
삶은 미적이어야 한다고 했습니다.
빛이 실어 나르는 색감과
그 색감을 닮은 소리들에 위로받을 줄 모른다면,
그거야말로 생의 끝에 다다른 거나 마찬가지라고요.

미적이라고 해서, 대단하고 고상한 걸까요.
피천득처럼 일주일에 두세 시간만이라도
영혼을 위한 여백을 마련하는 것.

그것만으로 미적인 삶이 아닐까 싶습니다.
우리는 조금 더 탐미적이어도 좋겠습니다.
아니 탐미적이어야 합니다.

아름다움에 대해서는 게걸스럽고 싶습니다.
탐욕스럽고 싶습니다.
아름다움에는 순순히 투항하고 싶습니다.

아이들은 예쁜 꽃을 보면 꺾고 싶어 하지요.
아름다움을 탐하는 것은 본능입니다.
'아름다움'과 '사람다움'은
아무래도 내연의 관계인 것 같습니다.

일어나봐,
봄이 왔어

봄눈이 녹은 다음 농부들은 헛간에서 보습을 꺼내서
소를 몰고 밭으로 나갔습니다.
정식으로 밭갈이를 하는 건 아니고요.
본격적인 농사가 시작되기 전에
소의 건강이나 논밭의 상태를 점검하는
'시운전 밭갈이'라고 합니다.

소설가 이순원의 얘긴데요.
강원도 대관령 동쪽에선 그걸 '보내미'라고 불렀다죠.

농부들이 '보내미'를 통해 땅을 깨우고 소를 깨운다면
벌을 치는 사람들은 '벌깨우기'라는 걸 통해서
한 해 꿀 수확을 준비합니다.
입춘이 지난 뒤
겨울잠 중인 벌들에게 꽃가루 떡을 넣어주고
벌통을 보온해주는 일인데요.
벌통이 따뜻해지고 먹이가 들어오면
벌들은 봄이 온 줄 알고 잠에서 깬다고 합니다.

'일어나봐, 봄이 왔어.'
아이를 깨우듯 낮은 속삭임으로, 조심스런 움직임으로
땅을 깨우고 벌을 깨우는 사람.
으응, 하면서 눈을 뜨는 대지와
끄응, 하고 기지개를 켜는 작은 날개.
그 모습을 상상하니
한 편의 따뜻한 동화 같아 흐뭇해집니다.

4월의 꽃들은 나무의 굳은 관절과 심심한 하늘을 깨우네요.
우리 일상이나 굳은 정신은 무엇으로 깨울까요.

소용없는 일을 하는
무용한 사람이 되어서

자동차 내비게이션은 없어도
별자리를 읽을 줄 아는 사람.
올가을 유행 아이템은 몰라도
풀꽃이나 새들 이름을 많이 아는 사람.

주식이나 부동산 시세는 몰라도
은사시나무와 미루나무를 구별할 줄 아는 사람.

이런 소리는 어떤가요.
가을 들에서 토독토독, 씨방 터지는 소리.
빗소리처럼 후두둑, 낙엽 떨어지는 소리.
겨울 강에서 채잭채잭, 얼음 잡히는 소리.

새의 울음을 구별할 줄 아는 능력이나
작은 소리들을 가려들을 줄 아는 것.
그런 것들이 생활에 무슨 쓸모가 있을까요.

소설가 김연수는 이런 말을 했습니다.

"시를 읽는 동안 우리는 어쩔 수 없이 무용한 사람이 된다. 〔……〕 하루 24시간 중에서 최소 1시간은 무용해질 수 있다. 아무런 이유가 없는데도 뭔가 존재한다면, 우리는 그걸 순수한 존재라도 말할 수 있으리라."

소용없는 일들을 하며
무용한 사람이 되어보는 것.
어쩌면 그것이 실용의 세계에서
우리가 낼 수 있는 최선의 용기입니다.

반복이라는
기술

리버풀의 별 볼 일 없는 록 밴드는
이국의 허름한 술집에 일자리를 얻습니다.
거기서 1년 반, 하루 여덟 시간씩 연주를 합니다.
이른바 '함부르크 시절'이라 불리는 그 시기가
역사상 가장 위대한 밴드, 비틀스를 만들었죠.

미술 선생이었던 아버지는
아들에게 비둘기 발만 반복해서 그리라고 시킵니다.
무수히 많은 파지가 휴지통 속으로 들어갔습니다.
비둘기 발의 주름 하나하나까지를 그릴 수 있게 됐을 때
그는 사람 얼굴과 몸의 세부적인 특징까지도
저절로 그리게 됐다고 합니다.
파블로 피카소 얘기죠.

심지어 우리는 비틀스도, 피카소도, 모차르트도 아닙니다.
어쩌면 살리에르도 못되겠지요.
평범한 우리가 혹시 비범해질 수 있다면
그건 끝없는 반복과 되풀이,

구수한 '또'와 '다시'를 통해서뿐인지 모릅니다.
끝내 '무'로 귀결될 운명을 알면서도
덧없는 반복을 번복하는 몸짓,
그 자체가 이미 비범함인지도 모르죠.

반복이 저 스스로 리듬을 얻는 때가 온다고 믿고 싶습니다.
그때 반복이라는 기술은 예술의 경계를 넘지 않던가요.
그리고 시간을 견뎌온 것들 속에는 신성이 깃들지 않던가요.

삶은 다행히도,
100미터 달리기가 아니라 오래 달리기입니다.

낙법,
삶의 기본기

인간이 가장 공포를 느낀다는 높이 11미터.
공중그네 곡예사들은
그 높은 곳에서 몸을 던져 그네를 옮겨 타죠.
그런데 그들이 받는 첫 훈련은
그물로 떨어지는 방법이라고 합니다.

유도 역시 낙법부터 배운다고 하죠.
잘 넘어지는 법, 낙법이란
상대를 공격하는 기술이 아니라
자신의 무게를 감당할 수 있는 방법이란 생각이 듭니다.

그건 스키나 오토바이, 축구나 럭비도 마찬가지죠.
떨어지는 법, 쓰러지는 법, 추락하는 법.
삶에 '기본기'가 있다면 이런 것들인지도 모르겠어요.

혼자서 자전거를 타게 된 순간을 잊지 못합니다.
자전거를 타면서 알게 된 바람의 맛!
그건 핸들 조작이나 중심을 잡는 연습이 아니라

넘어지는 걸 겁내지 않게 된 마음이 준 선물이었죠.
생각해보면 우리의 첫 걸음마도
넘어지는 것에서 시작됐잖아요.

틀리는 것, 비판받는 것, 거절당하는 것, 이별하는 것……
이런 걸 두려워하지 않게 될 때 우린
고양이처럼 우아하게
이 삶에 착지할 수 있게 될지도 모릅니다.

ⓒ김일영

당신의
장식 깃털

팔촌 여동생 록산느를 사랑하지만
끔찍하게 생긴 코 때문에 다가가지 못한 남자,
심지어 그녀를 좋아하는 남자를 대신해
연애편지까지 써줬던 사내.
연극 「시라노 드 벨주락」의 주인공 시라노 이야기입니다.

평생 사랑을 감추고 살다 숨을 거두게 됐을 때, 그는
신이 내게서 모든 걸 가져가도
단 한 가지만은 빼앗지 못할 거라고 소리치는데요.
그건 바로 그의 모자에 붙은 '장식 깃털',
영화나 연극에서 '허영'이란 말로 번역된 단어입니다.

우리에게도 허영심이 필요합니다.
누군가에게 그건 '시'입니다.
누군가에겐 '꽃'입니다.
혹은 조금 비싼 공연이나 음반,
힘든 일을 하나씩 끝냈을 때마다 떠나는 여행일 수 있겠지요.

그렇게 '쓸데없는 것'에 일부러 시간과 돈을 쓰는 일.
나를 위해 허락하는 사치 하나쯤은 부려보면 좋겠습니다.

그런 것들이 이 물질과 속도와 효율의 세계에서
우리를 조금 더 사람이게 만들어주기 때문입니다.
그것이 매일의 소진과 소모,
그리고 생활의 노역으로부터
우리를 지키는 한 방편이 되어주기 때문입니다.

당신의 장식 깃털은 어떤 것입니까.

사람을 이루는 것,
사람이 이루는 것

파도는 하루에 70만 번 뭍을 향해서 옵니다.
단단한 산호와 조개가 보드라운 모래가 되기까지
그 70만 번의 철썩임은 또 얼마나 오래 거듭돼야 할까요.

껍질을 짓기 위해서 굴은,
자기 몸무게의 50만 배나 되는 바닷물을
몸을 통해 흘려보내야 하고요.
1킬로그램의 꿀을 얻기 위해 벌은,
560만 송이의 꽃을 찾아다닌다고 합니다.

한 사람을 이루는 것,
그 사람이 이루는 것.
다르지 않겠지요.

그만의 정체성이나 고유한 업적은
그가 매일 반복하는 것들에 의해 만들어집니다.
같은 행동을 반복해서 익히고 그래서 익숙해진 버릇을
불교에서는 '습(習)'이라고 합니다.

이 생에 익힌 '습'은 다음 생까지 이어진다고 하지요.

연습, 습관, 습성…….
이런 말들이 붙는 '습(習)'이란 글자엔
익히고 배우고 되풀이하는 것뿐이 아니라
'절룩거리며 가는 모양'이라는 뜻도 있다고 합니다.

우리는 오늘도 자신을 습작하는 서툰 예술가들입니다.
우스꽝스런 희극처럼 보일 수도 있는 그 절룩거림이
사실은 우리를 숭고하게 만들어주는 '습'이 아닐까요.
그리고 삶은 일필휘지가 아니라
작은 점들로 이뤄진 점묘화에 가깝습니다.

마음의 활줄을
풀어놓는 시간

『몰로이』, 『말론 죽다』, 『이름 붙일 수 없는 것』
사무엘 베케트의 소설 3부작입니다.

이 작품들을 쓰는 동안 그는 극도의 무력감에 시달립니다.
머리를 식힐 요량으로 잠시 소설 집필을 쉬고,
희곡 한 편을 쓰는데요.
그게 바로 「고도를 기다리며」였습니다.
괴로워하며 작업했던 소설 대신,
쉼표처럼 쓴 작품이 그에게 노벨문학상을 안겨줬던 거죠.

왕가위 감독의 영화 「중경삼림」도 비슷합니다.
제작비와 장비 문제 등에 부딪힌 「동사서독」을 잠시 접고
가벼운 마음으로 두 달 만에 만든 작품이
바로 「중경삼림」이라고 하는데요.
오히려 그 영화가 더 많은 대중의 사랑을 받았죠.

더 잘하려고 하면 오히려 일이 꼬이게 됩니다.
반대로 어깨의 힘을 빼고 친 공이 홈런이 되는 경우가

종종 있습니다.
풀리지 않는 문제에 피곤해져 욕조에 들어갔다가
"유레카"를 외친 아르키메데스처럼 말입니다.

꽉 짜인 계획 대신 우연에 맡겨보는 것,
이정표를 버리고 길을 잃어보는 것!
그런 이완의 시간.
팽팽하게 당겼던 마음의 활줄을 풀어놓는 시간.
창조적인 것은 오히려 그런 시간 속에서 잉태됩니다.

문득,
꽃

"별안간 꽃이 사고 싶다. 꽃을 안 사면 무엇을 산단 말인가."

서울 광화문 한 건물의 글판에 걸린 문구가
마음을 들쑤십니다.
"별안간 꽃이 사고 싶다."
시인 이진명의
「젠장, 이런 식으로 꽃을 사나」에서 솎아낸 시구인데요.
별안간 꽃이 사고 싶고,
갑자기 떠나고 싶고,
문득 바람나고 싶은 봄날입니다.

'별안간, 문득, 갑자기······.'
이런 부사가 없다면
우리 삶의 문장은 얼마나 건조체일까요
사랑, 어떤 비 끝의 무지개, 10월 어느 저녁의 바람······.
견고한 일상에 끼어들어 아름다운 균열을 내는 것들은
이렇게 느닷없이, 난데없이, 불현듯 찾아오게 마련입니다.

예정된 스케줄에 맞춰서
정해진 보폭으로
똑같은 일만 되풀이하는 일상은
앙상한 주어와 서술어의 반복이겠죠.
시의 제목을 패러디해본다면
'젠장, 이런 식으로 인생을 사나'
정도가 되겠네요.

꽃은 그럴 때 문득, 사고 싶은 것이고요.
우리 삶에서 문화·예술이 담당하는 역할도
어쩌면 그런 꽃과 같은 것이겠지요.
이토록 봄입니다.
꽃을 안 사면 무엇을 산단 말입니까.

달과 장미의
시간

쇼팽의 연인으로도 유명한 프랑스 소설가
조르주 상드의 일대기를 다룬 책 중에
『달과 나막신』이 있습니다.
늘 '달'을 쳐다보며 이상을 꿈꾸지만
현실은 질퍽한 빗길을 걷는
'나막신'을 신고 있다는 비유인데요.

이상과 꿈인 '달',
일상과 현실인 '나막신'.
어느 쪽에 더 마음을 두고 계신가요.

"우리는 빵을 원한다. 그러나 장미도 원한다."
이 구호는
영국 영화감독 켄 로치의
「빵과 장미」라는 영화에 나오는 대사이자
20세기 초 구육 방직 공장 여성 노동자들이
파업 투쟁에서 내건 구호였는데요.

'빵'이 생존의 최소조건이라면
'장미'는 인간다운 삶, 아름다운 삶에 대한 은유죠.

'빵'을 위해 고단하게 딸각거렸던 시간이었나요.
지금은 제7일,
진흙 묻은 나막신을 벗고 달을 바라볼 수 있는
'장미'의 시간이길 바랍니다.

ⓒ김일영

당신의
화단에는

'유학생 간첩단 사건'에 연루돼
13년 동안 억울한 옥살이를 했습니다.
감옥 안에 있는 동안 부인은 떠나고,
그의 30대는 몽땅 사라져버렸습니다.
한 평짜리 감옥 안에서, 그의 절망은 얼마나 컸을까요.

하지만 그는 교도소 운동장 한구석에 작은 화단을 만듭니다.
그리고 거기다 잡초라고 버림받은 야생초를
키우기 시작하지요.
명아주 잎사귀 하나, 보랏빛 제비꽃 하나는
살려고 몸부림치다가 찾아낸
그의 '숨구멍'이었을지도 모르겠습니다.

베스트셀러가 된 황대권의 『야생초 편지』는
절망이라는 화단에서 피운 꽃이라고 생각합니다.
절망하지 않으려는, 희망을 희망하는 본능이라는 건
정말이지 잡초처럼 질기고 생명력이 강한 것 같습니다.
굴광성 식물처럼 한사코 빛 쪽으로 줄기를 뻗습니다.

우리의 일상이란 것도 감옥 같을 때가 있습니다.
사는 일이 징역 같을 때가 있습니다.
우리에게도 나만의 화단 한 평쯤, 필요하지 않을까요.
그런 것이 없다면
때때로 찾아오는 권태와 공허를 어떻게 견딜까요.
지금 당신의 화단엔 무엇이 자라고 있는지요.

당신의
먼 곳

"오빠, 나 좀 여기서 빨리 데려가줘."

열여섯 소녀는 시골집 마루에 엎드려
서울에 있는 오빠에게 편지를 씁니다.

소설가 신경숙의 장편소설 『외딴방』을 읽으면서
이 문장에 밑줄을 그었다면
그때 당신에게도 그런 간절함이 있어서였겠죠.

"나는 불행했기 때문에 다른 곳, 아주 먼 곳,
그래서 나로부터 도망칠 수 있는 그런 곳으로
가버리고 싶었다."
에밀 아자르 장편소설 『자기 앞의 생』의 열네 살 모모도
여기가 아닌 곳을 꿈꿉니다.

그때는 그랬습니다.
대책 없는 탈주와 막연한 먼 곳을 동경했습니다.
아마도 사춘기적 감성 때문이었겠지만

지금은 오히려 그런 유치한 간절함과 목마름이
그립기도 합니다.

어른이 되니 비로소 그런 먼 곳이 있어야 하는 것 같습니다.
눈앞의 숫자들과 코앞의 숙제들,
발목을 잡는 현실적인 것으로부터
잠시 나를 피신시킬 수 있는 곳.
잠깐 다녀올 먼 곳.
그런 먼 데가 하나쯤 있으신가요.

발목을 잡는 현실적인 것으로부터
잠시 나를 피신시킬 수 있는 곳

잠깐 다녀올 먼 곳

그런 먼 데가 하나쯤 있으신가요

동안거,
봄을 준비하는 웅크림

바랑 하나 짊어지고 길 떠난 뒷모습이 적막합니다.
그 안에 든 건 두어 벌의 옷과 공양 그릇 하나뿐.
세속의 짐은 다 버려두고 묵언하면서
오로지 마음을 들여다보는 석 달.
스님들이 동안거(冬安居)가 시작됐습니다.

나무들도 알몸으로 추위를 견디는 동안거에 들어갔는데요.
옷을 버리고 색을 버린 모습이
묵언 수행하는 구도자 같습니다.
입 다물고 먹지 않는 개구리에게도
굴속에서 월동하는 뱀이나 곰에게도
그 웅크림이 바로 동안거일 겁니다.

동안거를 끝낼 즈음
산문(山門) 밖엔 봄기운이 번지고 있겠지요.
봉오리를 단단하게 여민 식물이든,
겨울잠 자는 동물들이든,
동안거는 '봄을 준비하는' 웅크림입니다.

그렇게 혼자 틀어박혀서
이 계절을 앓는 어떤 사람들이 있습니다.
신춘문예를 준비하는 작가 지망생.
그들에겐 두문불출하고 치열하게 작품 붙들고 있는
이즈음이 바로 동안거일 텐데요.

'신춘'이라는 이름처럼
새봄을 꿈꾸는 그 웅크림.
스스로를 고립시키는 틀어박힘.
그 누구보다 지금 우리에게 필요한 건
그런 자발적 '안거'와 '유폐'가 아닐까요.

너무 지치고
힘이 들 때는

컴퓨터나 휴대전화가 알 수 없는 이유로
말을 듣지 않을 때가 있습니다.
그럴 땐 전원을 껐다 켜기만 하는 것으로도
문제가 해결되는 경우가 많죠.

감정에도, 관계에도,
'다시 시작 버튼'이 있으면 좋겠다 싶은 적이 있습니다.
설명하기 힘든 복잡한 마음이나
감당하기 벅찬 혼란스러운 감정 때문에
이불을 뒤집어쓰고 웅크려 하루를 다 보낼 때.

아이나 배우자에게 화가 날 때도 그렇습니다.
그 화를 품고 상대에게 돌진하기보단
일단 그 자리를 뜨는 것이 현명한 방법이라고 하죠.
일단 멈춤, 그리고 숨고르기.

인생의 교차로에서도, 삶의 모퉁이에서도,
일단 멈춤이 필요하지요.

너무 오래 달렸습니다.
시달리고 들볶여 소진되고 마모돼버렸습니다.
아주 가끔은, 일상에도 '강제 종료 버튼'이
필요한 것 같습니다.
혹시 지금이 그럴 때는 아닌가요.

당신은 그것을
무엇이라고 부릅니까

"물에 불은 나무토막, 그 위로 또 비가 내린다."
시인 진은영은 시 「일곱 개의 단어로 된 사전」에서
슬픔을 이렇게 정의합니다.

시인 김소연은 『마음사전』에서 또 다르게 정의합니다.
"슬픔은 모든 눈물의 속옷과도 같다."

국어사전은 이렇게 가르쳐주는군요.
"1. 슬픈 마음이나 느낌. 2. 정신적 고통이 지속되는 일."
그러나 이 정의는 누구의 슬픔도
설명해주지 못하는 것 같습니다.

여기 슬픔이 있습니다.
이제 그것을 무엇이라고 부르시겠는지요.

'감성사전', '마음사전', '상상력사전'······.
작가들이 자신만의 눈으로 해석한 세계를
담아낸 책들이지요.

우리도 자기만의 사전을 가져보면 어떨까요.

청년기까지 우리는 남들이 만들어준 사전을
들춰보며 성장합니다.
하지만 이후의 삶은
자신만의 사전을 만들어가는 성숙의 시간이어야 하죠.
스스로 뜻을 세운다는 말 '이립(而立)'엔,
이런 의미도 포함돼 있는 게 아닐까요.

손쉽게 검색하는 게 아니라
어렵게 사색하고
힘겹게 모색하는 과정.
나만의 고유한 정의를 내린다는 건 사실
그런 치열함을 요구하지요.
하지만 내 것으로 삼고자 하는 모든 것들은
그렇게라야 곁을 내주지 않던가요.

돌아본다는 것

'노원괘인(老猿掛印)',
무사회 수장인 궁보삼이 숨을 거두기 전
수제자에게 일러준 마지막 수였습니다.
영화 「일대종사」에 나오는 얘기죠.
궁씨 집안에 전해 내려오는 무술 64수 중 최고 단계,
그건 바로 '돌아보는 것'이었습니다.

말을 타고 들판을 달리다가
갑자기 멈춰서 뒤를 돌아보는 인디언 이야기,
당신도 들어보셨겠지요.
너무 빨리 달리면 영혼이 따라오지 못하기 때문이라고 합니다.

문학평론가 황현산은
병원에서 권유받은 운동법을 소개한 적이 있습니다.
날마다 1킬로씩 뒷걸음으로 걷는 건데요,
그렇게 걷던 그는 색다른 발견을 했다고 합니다.
앞으로 갈 땐 풍경이 양쪽으로 찢어지거나 갈라지면서
뒤로 물러나지만,

뒷걸음을 걸으면 풍경이 앞으로 모인다는 것이었습니다.

돌이킬 수는 없지만, 돌아볼 수는 있습니다.
되돌아갈 수는 없지만, 뒤돌아볼 수는 있습니다.

그것이 시간에 갇힌 인간에게 주어진
마지막 한 수는 아닐는지요.
풍경이라 부를 수 있는 세계의 총체를 온전히 불러오는 일,
그것 역시
돌아보는 몸짓에서 시작되는 것인지도 모르겠습니다.

【Epilogue】

그리고 나는,

때로는 공터의 개망초 덕분이었습니다.
언젠가는 버려진 빈 액자 때문이기도 했습니다.
언제나 마지막까지 빈 페이지이지만
그러나 막판에는 무어든 썼던 것은
그리고 당신과, 당신들이 있어서입니다.

당신에게 가기 위해 그림자가 됩니다.
색깔과 이름을 버리고 표정과 태를 지우고
그림자가 되어서
당신에게서 흘러나온 검은 눈물이 되어서
빛의 반대편으로만 길게 흘러서
당신을 시늉합니다.
당신을 살아봅니다.

당신이 좋아하는 말들을 떠올립니다.
어루만지고 감싸 안고 보듬고 토닥이고
쓰다듬고 입맞춰봅니다.

당신의 숨을 쉬어봅니다.
당신의 목소리를 내어봅니다.
당신의 몸짓을 지어봅니다.
그리고 당신의 저녁을 생각합니다.

어두워진 즈음에 돌아와 벽을 더듬는 손이 되어봅니다. 저녁 땟거리를 준비하는 고독한 등을 그려봅니다. 당신은 라디오를 켭니다. 당신은 화분에 물을 줍니다. 당신은 거울을 들여다봅니다. 당신의 얼굴을 오래 들여다봅니다. 당신은 책을 펼칩니다. 당신은 책을 덮습니다. 당신은 무릎을 안고 앉아 있습니다. 당신은 울고 있습니까. 서성이는 한밤이거나 잠 못 드는 새벽의 뒤척임을 나는 짐작합니다. 푸른 멍과 홍터와 생채기를 만져봅니다.

그 곡절들을 모두 알 수는 없지만
그 곡조들을 다 부를 수는 없지만

그러는 사이 나는 당신과
그런 사이가 되었습니다.
그림자로도 어렴풋이 표정을 읽게 되었습니다.

생각건대 나 또한 언제나 절룩이며 왔습니다.
절룩이는 걸음으로
절뚝대는 리듬으로
절름발이로 이렇게 당신에게 갑니다.

그 절룩임, 자판 위의 서성임과 손가락들의 망설임이
서툰 홈질로 잇댄 조각보가 되었습니다.
더러 손가락이 찔려 맺힌 핏방울의 자국도
부러 그려 넣은 무늬려니 여겨주시렵니까.

그러나 겨우 이것으로 당신은 무엇을 하시려는지요.
당신이 아끼는 이를 위해 차려둔 밥상 위여도 좋겠지만
그저 벽에 두고 몇 번 쳐다보다 잊는대도

나는 섭섭지 않겠습니다.
잎사귀나 구름처럼
바라보고만 있어도 좋은 지상의 드문 사물 중 하나가
책이기 때문입니다.

그리고 나는,
당신에게만 열리는 책입니다.

【 먼저, 읽고 권하다 】

언제나 그렇다. 지레 걱정이 많고 늘상 조급해 하는 탓에 〈이동진의 빨간책방〉을 녹음하러 마이크 앞에 앉을 때마다 터질 듯 복잡하다. 하지만 익숙한 시그널이 들려오고 그녀의 오프닝 원고를 읽기 시작하면, 순식간에 편안해진다. 그래, 이곳이야. 맞아, 이 맛이야. (비밀을 하나 말하자면) 〈빨간책방〉 초기를 제외하면, 사실 나는 오프닝 원고를 미리 읽어보지 않는다. 그 글을 처음 대하자마자 눈과 뇌를 거쳐 의미와 리듬을 한꺼번에 굴리면서 입 밖으로 내미는 짧은 순간의 신선한 긴장감에서 출발하고 싶기 때문이다. 그러니까, 나는 그녀의 글을 온전히 믿고 순전히 즐긴다.

그녀는 말을 골똘히 들여다보고 말을 정성껏 만져본다. 말의 먼지를 털고 말의 빗장을 푼 뒤 조심스레 말을 캔다. '10월'이라는 말이 얼마나 공감각적인지, '소슬바람'이라는 말이 얼마나 다정한지, 기운다는 말이 얼마나 안온한지, 이전엔 미처 몰랐다. 그렇게 말과 말 사이에서 마음이 흘러가고, 나는 어느덧 우리가 된다. 〈빨간책방〉을 열었던 글들이 한데 모였다. 하나씩 다시금 넘겨보니 어느새 눈앞에서 계절이 흘러간다. 이미 내게 활짝 열려 있는데도, 자꾸만 또 열고 싶다. ― 이동진 (영화평론가)

시작은 늘 어렵다. 글의 시작도, 사랑의 시작도, 이야기의 시작도, 다 어렵다. 시작도 하지 못한 채 포기해버린 일이 얼마나 많은가. 주저하다가 입 밖으로 내뱉지 못한 말이 얼마나 많은가. 시작은 반이 아니라 3분의 2, 혹은 4분의 3이다. 허은실은 누구보다도 잘 시작할 줄 아는 사람이다. 첫 길을 잘 꺼내는 사람이다. 이 책에는 오랫동안 고민하다 머뭇거리며 시작한 수많은 출발이 담겨 있다. 출발과 시작만 골라 묶었지만 다 읽고 나면 긴 여행을 떠났다 온 기분이다. 여행에서 돌아와 다시 새로운 출발점 앞에 서게 된다. 시작하지 못하고 머뭇거리는 모든 사람들에게 이 책을 추천한다. — 김중혁(소설가)

『나는, 당신에게만 열리는 책』.
나에게도 열린 것 같다. 몰랐던 것들과 몰라도 될 만한 것들이었다고 생각한 것들이 다시 내 마음을 두드린다. 간혹은 알아도 무심하게 알아서 몰랐던 것들이 성큼 다가와서 한 번 더 생각하게 만든다. 몰랐거나 당연하게 생각했던 것들을 다시 똑똑한 발음으로 읽게 하는 책이다. 속으로 읽으면서도 내 목소리가 들리게 하는 글들이 가득하다. 화장실 변기에 앉아서 똥 눌 때마다 읽다가 어느덧 들고 나와 깊은 소파에 자리 잡고 앉아 읽었다. 기억력은 유한하니 또다시 잊을 수도 있을 것이다. 그 새삼 중요한 이야기가 뭐였을까 흐릿하게 떠오를 때 다시 읽어야겠다.
이 책을 책장 잘 보이는 곳에 오래 두어야겠다. ― 강풀 (만화가)

제가 좋아하는 어떤 음악가의 노래는 이렇게 시작합니다. "시인의 시는 아름다워, 마을의 밤 깊어만 가고". 지난 며칠 동안 밤마다 이 책을 읽었습니다. 이 글들과 함께 차를 마시고 맥주도 한잔하고 베개맡에 두고 꿈도 꾸었습니다. 종이끼리 비벼지는 소리를 들으며 잠에서 깨고 글들이 아무렇게나 흐트러진 방의 풍경이 마음에 들어서 일부러 정리도 하지 않고 그대로 둔 채 외출을 하곤 했습니다. 그 밤들 나내 허은실 시인의 글은 아름다웠고, 내 침대가 놓여 있는 세 평짜리 마을도 아늑하도록 깊었더랬습니다. 〈이동진의 빨간책방〉을 언제나 따뜻하게 열어주었던 이 글들을 이동진 씨의 목소리로 듣는 일은 참 행복했습니다. 다시금 이렇게 종이 위에 단단하게 묶연 채 만날 수 있게 되어서 저는 또 한 번 행복하다는 말씀을 꼭 드려야만 하겠습니다. 몇 번이고 몇 번이고 지금 당장 펼쳐서 읽을 수 있다니, 아무리 생각해도 감사한 결박입니다. ─ 요조 (뮤지션)

〈이동진의 빨간책방〉 오프닝 에세이
나는, 당신에게만 열리는 책

초판 1쇄 발행 2014년 12월 30일
초판 8쇄 발행 2024년 11월 20일

지은이 허은실
펴낸이 최순영

출판1본부장 한수미
라이프 팀장 곽지희
디자인 김준영

펴낸곳 ㈜위즈덤하우스 **출판등록** 2000년 5월 23일 제13-1071호
주소 서울특별시 마포구 양화로 19 합정오피스빌딩 17층
전화 02) 2179-5600 **홈페이지** www.wisdomhouse.co.kr

ⓒ 허은실, 2014

ISBN 978-89-5913-869-2 03810

- 이 책의 전부 또는 일부 내용을 재사용하려면 반드시 사전에 저작권자와
  ㈜위즈덤하우스의 동의를 받아야 합니다.
- 인쇄·제작 및 유통상의 파본 도서는 구입하신 서점에서 바꿔드립니다.
- 책값은 뒤표지에 있습니다.